Dåbens Teologi

Hos
Martin Luther
og i
vækkelsesbevægelserne

Dåbens Teologi

Hos

Martin Luther

og i

vækkelsesbevægelserne

Martin Luther og Finn B. Andersen

Oversat og tilrettelagt: Finn B. Andersen
Forlag: Books on Demand GmbH, København, Danmark
Tryk: Books on Demand GmbH, Norderstedt, Tyskland
ISBN 978-87-430-0229-1

Indholdsfortegnelse

Martin Luther
Om dåb og tro

Indledning

Følgende nye oversættelser indeholder helt centrale tekster af Luther, hvor frelsens personlige tilegnelse står i centrum. Det aktualiseres i spørgsmålet om dåb og tro.

Desuden bringes der et par artikler af oversætteren, hvor Luthers syn på dåb og tro sammenfattes og bringes ind i den aktuelle folkekirkelige situation.

Den første oversættelse er fra 1521 fra Luthers skrift "Begrundelse og hjemmel", som ligger i direkte forlængelse af de berømte 95 teser fra 1517. På grund af det postyr, de 95 teser medførte, udgav Luther så en forklaring til sine teser i 1518 i skriftet "Resolutiones".

Da reformationen i 1521 havde bredt sig kommer Luther med en fornyet og endnu grundigere forklaring og uddybning af sine teser i nærværende tyske skrift.

Det emne, der direkte behandles, er betydningen af den personlige samtale med præsten eller i skriftemålet. Og i forbindelse med dette er det helt centrale punkt den individuelle tilsigelse af syndernes forladelse, den såkaldte absolution. Det er her troens altafgørende betydning og plads tages op til betragtning. Og i forlængelse af dette kommer Luther så også ind på hele spørgsmålet om sakramenternes kraft og rette brug.

Her bringes en nyoversættelse af den grundlæggende artikel. Hele skriftet er oversat i Luthers Skrifter i Udvalg, Århus 1980-83, bind 4.

Cand.theol.
Finn B. Andersen

Begrundelse og hjemmel 1521

Den første artikel
Det er kættersk at mene, at sakramenterne skænker nåden, blot (hjerte)døren ikke låses.

For at forstå denne artikel skal man lægge mærke til, at mine modstandere har lært, at de hellige sakramenter skænker nåden til alle, *selv om der ingen anger er* over synden eller et godt forsæt. Det er nok, at man ikke låser døren, det vil sige at man ikke har et ondt forsæt om at synde.

Mod dette har jeg opstillet min artikel og fastholder den, da deres påstand er ukristelig, bedragerisk og kættersk. Foruden at døren ikke må være låst og det onde forsæt må være bort, skal der ikke alene være en virkelig anger over synden, men også en fast tro i hjertet, for at modtage sakramentet værdigt.

Således nævner Kristus også troen i Matthæus 9,2, i beretningen om den lamme. Hvis troen ikke var nødvendig, havde han ikke nævnt den. Vi læser også, at Kristus intet tegn gjorde eller helbredte nogen, når man ikke troede, at han kunne og ville gøre det. Således står der, at han ingen tegn gjorde i sin hjemby på grund af deres vantro.

Da han lærer dem at bede i Matthæus 11,24, siger han også: "Når I beder, skal I tro, at I får det, så skal I få det". *Hvad andet er modtagelsen af sakramentet end et inderligt ønske om at få guddommelig nåde?* Og hvad andet er dette ønske end en virkelig, hjertelig bøn? Derfor er det ukristeligt at lære, at man modtager sakramenterne og Guds nåde uden et sådan ønske, uden tro, ja, uden anger over synden og noget godt forsæt. Er det ikke forfærdeligt, at høre sådanne ting i kristenheden. Da dette er *hovedartiklen*, som alle de andre strømmer fra, må vi forklare og befæste den yderligere.

Jakob skriver i 1,5: "Hvis nogen af jer står tilbage i visdom, skal han bede om at få den af Gud, som giver alle rundhåndet og uden bebrejdelser, og så vil han få den. Men han skal bede i tro, uden at tvivle; for den, der tvivler, er som en bølge på havet, der rejses og brydes af vinden. Det menneske skal ikke bilde sig ind, at det får noget af Herren, tvesindet som det er og ustadig i al sin færd."

Er det ikke udtrykt klart nok, at det menneske intet får af Gud, som beder uden en fast tro om at få det. Langt mindre får den noget, der hverken beder, eller tror, eller angrer, eller har et godt forsæt, men alene slipper det onde forsæts lås. Hvorledes skulle sakramenterne kunne skænke nåden til sådanne, som er uden tro, anger, godhed eller ønske. Gud beskytte os mod en sådan ukristelig, bedragerisk bandbulle og lignende vranglære, som man aldrig nogensinde før har hørt om.

I Rom 14,23 siger Paulus: "Alt, hvad der ikke er af tro, er synd". Hvordan skulle så sakramenterne kunne skænke nåde til de vantro, der synder i alle deres gerninger, så længe de ikke tror. Ja, hvordan skulle de kunne låse døren op, når de bliver i vantro, ved hvilken alt hos dem er synd, som Paulus siger. *Alligevel lærer de, at troen ikke er nødvendig for modtagelsen af sakramenterne og nåden,* og fordømmer med mig sådanne klare skriftsteder.

Samme mening har vi i Rom 1,17 og Hebr 10,38, hvor Hab 2,4 citeres, der er hovedstykket i hele den kristne lære. Det hedder: "Justus ex fide sua vivet: En retfærdig skal leve ved sin tro". Det hedder ikke: "En retfærdig skal leve ved sakramenterne", men "ved sin tro". Det er nemlig ikke sakramenterne, men troen på sakramenterne, der gør retfærdig og levende. *Mange modtager nemlig sakramenterne uden at blive levende* eller from. Men den, der tror, er from og lever.

Sådan også i Mark 16,16: "Den, der tror og bliver døbt, skal frelses" Troen sættes før dåben, for *hvor troen ikke er, hjælper dåben ikke.* Derfor tilføjes der også: "den, der ikke tror, skal dømmes", selv om han er døbt. *Det er nemlig ikke dåben, men troen på dåben, der gør salig.* Derfor læser vi også i ApG 8,37 at Filip ikke ville døbe den etiopiske hofmand, før han havde spurgt ham, om han troede. Vi ser også alle steder, hvor man døber, at man *først spørger barnet,* eller fadderne i dets sted, om det tror, og på troen og bekendelsen døber man og giver sakramentet. Hvordan kan denne latterlige, kætterske bandbulle så driste sig til, imod hele Skriften, hele verden, alle kristnes tro og brug at lære, at man ikke skal tro, angre eller have et godt forsæt. Dette er så grov og ukristeligt, at ingen skulle tro, at nogen kan lære noget så vanvittigt, hvis ikke man selv kunne læse det i bandbullen. Jeg håber, de skammer sig dybt over det og ikke gerne ser det læst på tysk af lægfolk.

Videre siger Paulus i Rom 10,10, at man skal tro med hjertet for at blive retfærdig. Han siger ikke, at det er nødvendigt at modtage sakramenterne, for *man kan frelses gennem troen uden den ydre modtagelse af sakramenterne,* når blot det ikke skyldes foragt for dem. Derfor står der også i Rom 4,3: "Abraham troede eller have tillid til Gud, og denne tro blev regnet ham til retfærdighed eller salighed". Dette er et citat fra 1 Mos 15,6 og blev skrevet, for at vi skulle vide, at det heller ikke er andre ting, der gør *os* salige og retfærdige end troen, uden hvilken ingen kan have med Gud at gøre og få hans nåde.

Alt dette bekræfter også fornuften og den almindelige erfaring. Hvor man har at gøre med ord og tilsagn, da er det nødvendig med tro også i menneskelige forhold. Hvis ingen troede andres ord og breve, kunne hverken erhvervslivet eller samfundet fungere. På samme måde handler Gud med os gennem sit hellige ord og sakramenter, som er ligesom tegn eller segl, der er tilføjet ordet. Nødvendigst af alt er derfor troen på disse ord og tegn. Hvor Gud taler og giver tegn, dér skal man tro fast af hele sit hjerte. Ellers regner vi ham jo for en løgner og bedrager, og ikke som tro og sandfærdig. Denne tro behager Gud meget og giver ham den største ære, at han er en sandfærdig og retfærdig Gud. Derfor tilregner han så til gengæld os denne tro som en grundgod og tilstrækkelig fromhed til salighed.

Da der i ethvert sakramente er et guddommeligt ord og løfte, hvori Gud tilbyder og tilsiger os sin nåde, er det sandelig ikke nok at låse døren op, som de siger. Der må være en urokkelig og fast tro i hjertet, der griber løftet og tegnet, og ikke tvivler om, at det er som Gud siger og viser. Så bliver nåden i sandhed givet ham, sådan som løftet lyder og tegnet eller sakramentet viser det. Er troen der ikke, er det forgæves med den ulåste dør, da Gud på det kraftigste bliver vanæret og skændet, som er han en løgner og upålidelig gøgler. *Ikke alene giver sakramenterne altså ikke nåden til dem, der blot låser op, men derimod giver den al unåde, vrede og ulykke, så det er bedre at være langt borte fra Guds ord og tegn, når troen ikke er til stede.*

4

Dåben er altså et guddommelig tegn eller segl i kraft af Kristi løfte og ord i Mark 16,16: "Den, der tror og bliver døbt, skal frelses". Derfor skal den, der døbes, holde disse ord for sande og tro, at han visselig bliver frelst, når han døbes som ordene lyder og tegnet viser. Tror han ikke, så er disse ord og tegn forgæves der, og Gud bliver foragtet. Vantroen lader Gud stå som en nar og en løgner. En så stærk, ukristelig, gruelig, skrækkelig synd er vantroen eller mistilliden til sakramenterne. Og det er til dette, at denne fordømte bandbulle vil drive os. Den gør troen til et kætteri og Guds vanære til en kristen sandhed. Gud bevare os for denne vederstyggelighed, der står på hellig grund, Matthæus 24,15.

Det guddommelige tegn eller *bodens sakramente* bliver givet i kraft af ordet og løftet i Matthæus 16,19: "Hvad du løser på jorden, skal være løst i himlene". Derfor må den, der skrifter og gør bod først og fremmest omhyggelig se til, at han holder disse ord for sande og tro, at han er løst for Gud i himlene, når han får tilsagt syndernes forladelse på jorden. Tror han ikke, eller tvivler, så gør han Gud til en løgner, og Gud bliver vanæret på grund af hans vantro og tvivl. Hvad hjælper det, at han låser op eller slipper sit onde forsæt, når han beholder den allerstørste lås og værste forsæt, nemlig vantroen og tvivlen.

Lige så bliver alterets sakramente givet i kraft af Kristi ord i Matthæus 26,26: "Tag og spis; dette er mit legeme, som gives for jer". Derfor må den, der går til nadver, fast tro, at som Kristi ord lyder, sådan er det virkelig, at hans legeme er givet for os og hans blod er udgydt for os. Tror han ikke det, eller tror han, at det ikke er givet for ham, men kun for andre, så bliver Kristus atter en løgner, og hans ord og tegn tomme. Hvilken usalig, gruelig synd, der finder sted med en sådan vantro og misbrug af sakramentet, så man intet lærer om troen. Desuden fordømmer man troen i bandbullen og lærer ikke mere end at man skal låse op, angre og skrifte. Hvis man endelig lærer om troen, er det blot, at man skal tro, at Kristus virkelig er til stede i nadveren og ikke brød, kun brødets ydre skikkelse. Men hvad Kristus gør i nadveren og hvorfor han er til stede, hører man ingen prædike eller lære om.

Ud fra dette, mener jeg, det må være klart, at *troen er nødvendig ved brugen af sakramenterne*. Den tro, der ikke tvivler om, at det sker sådan som ordene lyder og sakramentet viser. Det, de siger, om at låse op har intet på sig. *Ja, det er kættersk, at den blotte oplåsen giver nåden ved sakramenterne uden tro.* Det står altså fast, hvad Augustin siger: "Ikke sakramentet, men troen på sakramentet, gør from og salig". Eller som han siger i sin kommentar til Johannesevangeliet (80,3): "Ordet kommer til elementet, og bliver et sakramente. Og vandet rører legemet og renser dog sjælen, ikke på grund af selve handlingen eller overøsningen, men på grund af troen".

Imod disse stærke beviser for denne artikel har mine modstandere ikke en tøddel af Skriften eller en gnist fornuft til forsvar for deres mening og deres låsen døren op. Det er alt sammen ren og skær ubegrundet menneskepåfund og drømmerier. Selv om deres lære ikke var kættersk, er det galt nok, at de lærer deres egne påfund i kristenheden, hvor dog alene Guds ord skal læres.

De har en eneste grund for deres opfattelse: Hvis sakramenterne i den nye pagt ikke skænker nåden til dem, der låser døren op, men er vantro, så ville der ingen forskel være på de nye og de gamle sakramenter. Da nu sakramenterne i den gamle pagt havde kraft til at skænke nåden til de troende - og da de nye skal være bedre og kraftigere end de gamle - så må de nye sakramenter også skænke nåden til dem, der ikke tror, hvad de gamle ikke gjorde. Dette er fri fantasi, som der kunne siges meget til, men kort sagt bygger det på *en total falsk og vildledende antagelse. Der er nemlig ingen forskel på de gamle og de nye sakramenter.* Ingen af dem skænker nåden, men alene troen på ordet og tegnene gav dengang og giver nu nåden. Derfor har de i den gamle pagt ved den samme tro modtaget nåden ligesom os. Som Peter siger det i ApG 15,11: "Vi tror, at vi bliver frelst ved troen på samme måde som de". Og Paulus i 2 Kor 4,13: "Vi har den samme troens Ånd". Og i 1 Kor 10,1: "Vore fædre har spist den samme åndelige mad og drukket den samme åndelige drik som os", det vil sige at de har troet som os.

Sandt nok gav de billedlige ting i den gamle pagt ingen nåde, men de kaldes heller ikke sakramenter, som de antager. I symbolerne var der intet ord eller løfte fra Gud, som der må være, hvis det skal kaldes et sakramente. Så er det bare et symbol eller tegn. Smykker og deslige er blot symboler og tegn, hvori der intet ord eller løfte er fra Gud om, at den der har disse ting, skal få dette eller hint. I dåben har vi derimod det løfte, at dén

6

skal blive frelst, der tror og døbes. Hvor der nu i den gamle pagt har været sådanne eller lignende løfter fra Gud, som de har troet på, dér har de i alle ting været vore sakramenter lige. Blot havde de mange og forskellige slags, hvor vi har få, der er fælles for alle i hele verden.

Omvendt svarer vore symboler og tegn, der ikke er sakramenter, fordi de ikke har Guds ord hos sig, til deres gamle symboler. En bispekåbe er altså lige så vel et symbol som Arons dragt. De giver ingen nåde. Man skal altså *ikke blande sakramenter og symboler sammen.* Så undgår man at gøre den fejl, at man adskiller de nye sakramenter fra de gamle. Den nye og gamle tro må jo dog være udelt.

Når du har fattet og forstået denne artikel grundigt, så vil du let kunne forstå alle de andre, så hele bandbullen bliver til skamme. På denne artikel ligger der nemlig den største vægt, da den angår troen. (WA 7,316-29).

Mod den svært bevæbnede Cochlæus

Som svar på Luthers skrift "Begrundelse og hjemmel" udgav den katolske teolog Johannes Cochlæus i 1522 "Om sakramenternes nåde". Dette svarer Luther så på i det følgende lille skrift "Mod den svært bevæbnede Cochlæus" fra 1523.

Cochlæus forsøger i sit skrift at bevise, at Luthers lære om retfærdiggørelse ved tro alene er falsk, da jo også dåben retfærdiggør. Det er jo en urokkelig kirkelære, som også Bibelen klart bevidner, at dåben frelser, altså kan det ikke være troen, der frelser - hævder Cochlæus meget logisk. Det er en logik, vi stadig kan møde i dag: Er det troen, der frelser, så kan dåben jo ikke også være frelsende og omvendt.

Denne problematik og logik giver Luther lejlighed til at give en klargørende præcisering af forholdet mellem dåb og tro. Luther viser, hvilken betydning og funktion dåben og troen har. Og hvordan deres indbyrdes forhold skal forstås. Vi får derved et godt indblik helt ind i kernen af det lutherske dåbssyn.

———

Mod den svært bevæbnede Cochlæus

At Peter skriver, at dåben frelser, er ikke i modstrid med min lære, at det alene er ved tro, vi retfærdiggøres. *Sandelig, dåben retfærdiggør ikke uden tro, men troen retfærdiggør uden dåben.* Derfor kan man ikke tilskrive dåben nogen del af retfærdiggørelsen. Hvis den bidrager til retfærdiggørelsen i nogen del, kan man ikke nægte, at dåben retfærdiggør uden tro. Men da dette benægtes, står vi med rette tilbage med troen alene. *Peter vil altså blot fremkalde og øve troen ved dåben eller det ydre tegn,* så vi kan blive frelst. Selv ikke ordet, der langt overgår det synlige tegn, kan i sig selv retfærdiggøre, hvis man ikke tror. Som Hebræerbrevet 4,2 siger: "De havde ikke gavn af at høre ordet, fordi de ikke modtog det i tro, da de hørte det."

Selv om nogle af fædrene mente, at sakramenterne retfærdiggør af egen kraft, så regner jeg det ikke. Heller ikke selv om Augustin lærer det, som Cochlæus påstår. De er blot mennesker, der ofte var i modstrid med sig selv og lærte meget ud fra fornuften og uden Skriften. Vi derimod følger den sikre Skrift, der lærer, at *hverken ord eller tegn gavner noget uden tro*. For det, som Cochlæus især lægger vægt på, nemlig at børnene, der er uden tro, bliver retfærdiggjort ved dåben, det benægter vi på det stærkeste. Vi siger med Augustin: "Ikke sakramentet, men troen på sakramentet, retfærdiggør." Og ligeledes: "Det retfærdiggør, ikke fordi det sker, men fordi det tros." Selv om Augustin så siger noget andet andre steder, følger vi ham kun, hvor han stemmer med Skriften, og forlader ham, hvor han lærer uden for eller imod Skriften. Det er altså forgæves, Cochlæus anfører så mange fædre, som om han kunne tvinge os med menneskeord. Vi har altid sagt, at i sager, der angår samvittigheden, holder vi os alene til Guds ord, da alene Gud og ikke mennesker skal regere og lære samvittighederne.

Vi benægter imidlertid ikke, at børn skal døbes eller mener, at de bliver døbt uden tro. *Vi siger, at de tror i dåben* ved ordets kraft, der renser dem og ved kirkens tro, der bærer dem frem og gennem bønnen *skaffer dem deres egen tro.* Ellers ville det jo være en grov og utålelig løgn, når man spurgte barnet, om det tror og ikke døber det, hvis ingen svarer for det: jeg tror. Hvorfor skulle man spørge dem, om de tror, hvis det er sikkert, at de ikke tror, som Cochlæus hævder? Og hvad så om Augustin har lært det? Cochlæus må stille sig tilfreds med, at vi prøver menneskers udtalelser på det guddommelige vidnesbyrd. Ja, hvis det er sandt, at børnene ikke tror, når de døbes, da mener vi, at de slet ikke skal døbes, så vi ikke leger med det majestætiske sakramente og ord. Denne benægtelse af børns tro skyldes de romerske universitetsteologer, der som urene dyr roder menneskers udsagn sammen uden at skelne, og lærer modstridende ting samtidigt. De benægter, at børn har tro, og dog kræver de tro af dem, for at de kan blive døbt.

At nåden retfærdiggør bør Cochlæus forstå således, at *troen er selve denne nåde* og ikke forestille sig nåden som et adskilt væsen uden for troen og kærligheden. Så var det ikke nødvendigt, at han argumenterede så tåbeligt: Nåden retfærdiggør, altså retfærdiggøres man ikke ved tro alene. Skriften bruger jo ordet "nåde" til at betegne Guds yndest, at han vil os det godt. Således retfærdiggør han os, det vil sige skænker os troen gratis, ved hvilken vi alene retfærdiggøres.

Ingen steder i hele Skriften læser vi, at kærligheden tilskrives retfærdiggørelse. Den er snarere den retfærdiggørende tros frugt, Gal 5,22: "Åndens frugt er kærlighed". Denne udbredte fejl skyldes, at man misforstår ordene i 1 Pet 4,8, der er et citat fra Ordsp 10,12. Her tales nemlig ikke om ens egne synder, men om andres, når der siges: "Kærlighed skjuler mange synder". Meningen er altså, at kærligheden ikke vredes, tåler alt og udholder alt, så man ikke kan synde så meget imod den, at den ikke bærer, skjuler, glemmer og tilgiver det. Disse gerninger retfærdiggør ikke, men hvis man ikke allerede er retfærdiggjort, bærer man ikke disse kærlighedens frugter. At dette er meningen i Ordsp 10,12 fremgår også af modsætningen i første del af verset: "Had vækker splid". Den, der hader sin næste, søger altså at finde fejl i hans bedste gerninger, men den, der elsker, gør lige modsat, så han bærer og skjuler sin næstes fejl.

Således tror jeg, at der er sagt nok til forsvar for mine tre artikler, som Cochlæus fordømmer. Min lære står stadig ved magt: Vi retfærdiggøres alene ved tro. Dermed nægter vi ikke, at ordet, sakramenterne, Kristus, prædikanterne, Ånden og Gud Fader retfærdiggør. Gud udretter nemlig alt, Kristus har erhvervet frelsen og Ånden uddeler Kristi fortjeneste. Ordet er det middel, hvorved Ånden uddeler Kristi fortjeneste. Det samme er sakramenterne og prædikanterne. *Men vor egentlige (formalis) retfærdighed tilhører alene troen,* for uden tro gavner hverken Gud eller Kristus eller noget andet til retfærdighed. (WA 11,300-302).

Om dåben og barnets tro
- en prædiken fra Kirkepostillen 1525

I de foregående skrifter har Luther begrundet og forklaret troens altafgørende betydning for evangeliets personlige tilegnelse. Der eksisterer kun én eneste måde at modtage Guds frelse på og det er ved en personlig tro. Hvert enkelt menneske må selv tro, for at tilegne sig Guds nåde.

Men hvad så med børnene? Kan de tro? Og afhænger dåbens gyldighed af, om man troede, da man blev døbt. Det er disse spørgsmål, Luther tager op på grundlæggende vis i denne prædiken fra Kirkepostillen.

Luther skrev Kirkepostillen som en hjælp til de nye lutherske præster. Og vi får netop her en grundlæggende behandling af spørgsmålet om barnets tro ved dåben. Det er i denne prædiken, Luther for første gang tager dette spørgsmål op til grundig, systematisk overvejelse.

Stykket er særlig interessant for den danske folkekirke, fordi Luthers Kirkepostil ifølge Den danske Kirkeordinans er en af de syv bøger, som skal være retningsgivende for den forkyndelse, der lyder i kirkerne.

Vi får her Luthers (og dermed folkekirkens) begrundelse for at fastholde barnedåben og overbevisningen om, at også børn kan tro - eller mere præcis: at Gud kan skabe troen også i de små børn. Det kan sammenfattes i fire centrale punkter:

1 Guds universelle frelsesvilje.

Gud vil virkelig, at alle skal frelses - også børnene.

2 Barnets passivitet og modstandsløshed.

Selvom Gud vil, at alle skal frelses er frelsen dog i sidste instans en frivillig sag. Gud frelser ingen mod deres vilje, med vold og magt. Kun kærlighedens tvang. Men hos barnet finder der netop endnu ikke nogen bevist eller villet modstand. Barnet er bedre skikket til tro, som Luther siger det her.

3 Helligåndens trosskabende virken.

Luther er overbevist om, at Helligånden er til stede ved dåben, for at skabe tro.

4 Menighedens forbøn.

Barnet med dets forældre og faddere er ikke alene. Hele menigheden er med i bønnen om, at Gud vil skænke barnet tro.

Om dåben og barnets tro

3. søndag efter helligtrekonger
Matthæusevangeliet 8,1-13.

Denne søndags evangelietekst giver os to eksempler, hvori vi undervises om troen og kærligheden. Et i den spedalske, det andet i officeren. Lad os først se på den spedalske. Han havde ikke været så dristig at komme til Herren og bede om at blive ren, hvis han ikke af hele hjertet havde troet og forventet at Kristus ville være så god og nådig at helbrede ham. For da han var spedalsk havde han grund til at være tilbageholden, også af den årsag at loven bød ham, ikke at færdes blandt folk. Alligevel trænger han sig frem uanset lov og folk, og uanset Kristi renhed og hellighed.

Se dér, hvorledes troen forholder sig til Kristus. Den ser ikke på andet, end, *gratis* og uden nogen fortjeneste, at søge og modtage Kristi blotte godhed og nåde. Man kan jo her ikke sige, at den spedalske ved sin renhed har fortjent at nærme sig Kristus, tale med ham og bede om hans hjælp. Nej, netop derfor at han føler sin urenhed og uværdighed, trænger han desto nærmere og ser kun på Kristi godhed. Dette kaldes en ret *tro, en levende tillid til Guds nåde.* Det hjerte, som gør det, tror ret. De, som ikke gør det, de tror ikke ret, som dem, der ikke kun ser på Guds godhed, men først ser sig omkring efter egne gode gerninger, at de kan blive værdige til godheden ved selv at fortjene den. De bliver aldrig frimodige til med alvor at påkalde Gud eller nærme sig ham.

Denne tillid eller tro eller erkendelse af Kristi godhed var ikke opkommet i den spedalske af egen fornuft, hvis han ikke forinden havde hørt et godt rygte om Kristus, nemlig at han var så god, nådig og barmhjertig, at han hjalp og gav, trøstede og rådede, enhver, som blot kom til ham. Et sådant rygte må han uden tvivl have hørt. Fra dette rygte har han fattet mod og anvendt og tolket det på sig selv. Han har henført denne godhed på sig selv og med al tillid tænkt: også mig vil han vise godhed, således som rygtet fortæller om ham og som det gode budskab lyder. Altså er hans tro ikke fremvokset fra fornuften, men modtaget ved dette budskab om Kristus, som Paulus siger i Rom. 10,17: "Troen kommer af det, som høres, og det, som høres, kommer i kraft af ordet eller budskabet om Kristus."

Dette er nu evangeliet, som er begyndelsen, midten og endepunktet på al godhed og frelse. For sådan har vi nu ofte hørt, at man allerførst må høre evangeliet, dernæst tro og elske og gøre gode gerninger, *og ikke i modsat rækkefølge*, som gerningsforkynderne lærer. Evangeliet er et godt rygte, tale eller budskab om Kristus, at han er ren og skær godhed, kærlighed og nåde. Det handler ikke om andre mennesker eller hellige. Skønt andre hellige vel også kan have et godt rygte eller omdømme, så kaldes det kun evangelium, når det alene handler om Kristi godhed og nåde. Hvor det tillige omhandler andre hellige, er det ikke længere evangelium, for det vil alene bygge troen og tilliden på klippen Jesus Kristus.

Så ser du nu, at dette eksempel med den spedalske strider for troen imod gerninger. For ligesom Kristus hjælper denne af ren nåde ved tro, uden nogen gerning eller fortjeneste, således gør han mod enhver, og vil også have at vi antager og forventer det samme af ham. Og hvis den spedalske havde været af den opfattelse at han havde sagt: se Herre, så meget har jeg bedt og fastet og så videre, det vil du tage i betragtning og derfor gøre mig rask, - da havde Kristus aldrig hjulpet ham. Et sådant menneske forlader sig nemlig ikke på Guds nåde, men på egen fortjeneste. Dermed bliver Guds nåde ikke prist, elsket, æret og begæret, men det tilskrives ens egne gerninger, som således røver det, der er Guds. Det kaldes at kysse sin hånd og fornægte Gud, som Job. 31,27 siger: "Jeg hyllede dem ikke med kys på min hånd", hvilket er en stor synd og en fornægtelse af den Almægtige. Ligeledes Es.2,8: "De tilbeder værk af deres hænder." Det vil sige at den ære og tillid, som de skulle vise Guds nåde, viser de deres egne gerninger.

På den anden side har vi her også et eksempel på kærligheden i Kristi handlemåde mod den spedalske. For her ser du, hvordan kærligheden gør ham til en tjener, så han hjælper den arme frit og for intet, idet han hverken søger fordel, gunst eller ære derved, men alene ser på den armes nød og Gud Faders ære. Derfor forbyder han ham også at sige det til nogen, for at det må være en helt ren gerning af den frie, gode kærlighed. Det er, som jeg ofte har sagt, at troen gør os til herrer, kærligheden til tjenere. Ja, ved troen bliver vi guder og får del i guddommelig natur og navn, som Salme 82,6 siger: "Jeg har sagt, at I er guder, I er alle den Højestes sønner." Men ved kærligheden bliver vi lig den allerringeste. Ifølge troen mangler vi intet og har fuldt op. Ifølge kærligheden tjener vi enhver. *Ved troen modtager vi alt godt fra oven, fra Gud. Ved kærligheden uddeler vi det nedad til vor næste.* Ligesom Kristus ifølge sin guddommelighed intet behøvede, men ifølge sin menneskelige natur tjente enhver, som behøvede det.

Derom har vi ofte nok talt, at også vi ved troen må fødes til at være Guds børn og guder, herrer og konger, ligesom Kristus af Faderen i evighed bliver født til at være en sand Gud. Og omvendt, gennem kærligheden må blive virksomme til at hjælpe vor næste, ligesom Kristus blev menneske, for at hjælpe os alle. Og ligesom Kristus ikke først ved gerninger har fortjent eller ved sin menneskevorden har erhvervet at han er Gud, men har dette fra fødsel af uden alle gerninger og inden han blev menneske, således har heller ikke vi ved gerninger eller kærlighed fortjent barnekår hos Gud, syndernes forladelse og frelse fra død og helvede. Uden gerninger og inden kærligheden har vi modtaget det ved tro gennem evangeliet af nåde. Og ligesom Kristus først var evig Gud, inden han blev menneske for at tjene os, således gør også vi godt og elsker vor næste herefter, når vi først inden ved troen er fromme, uden synd, levende, salige og Guds børn. Så langt om det første eksempel med den spedalske.

Det andet eksempel er nøjagtig lig det første, hvad angår troen og kærligheden. Denne officer har også en hjertelig tillid til Kristus og ser for sig intet andet end kun godhed og nåde hos Kristus, ellers var han ikke kommet til ham, eller havde sendt en, som Lukas siger. Heller ikke han havde haft en sådan tillidsfuld tro, hvis han ikke inden havde hørt om Kristi godhed og nåde. Således er evangeliet også her begyndelsen og drivkraften i hans tillid og tro. Herved lærer vi atter, at man må begynde ved evangeliet og tro dette, og ikke se på nogen fortjeneste eller gerning, ligesom denne officer heller ikke påberåbte sig nogen fortjeneste eller gerning, men satte sin lid alene til Kristi godhed. Vi ser altså hvorledes alle Kristi gerninger fremholder eksempler på evangeliet, troen og kærligheden. Således ser vi også kærlighedens eksempel, at Kristus gør godt mod ham, gratis, uden betaling eller fordel, som ovenfor sagt.

Desuden viser også officeren et eksempel på kærlighed, idet han antager sig sin tjener som sig selv, ligesom også Kristus har antaget sig os, og han udfører gratis den gode gerning mod ham alene til bedste for tjeneren. Som Lukas siger, har han gjort det af den grund at tjeneren var elsket og værdsat, som vil han sige, at den kærlighed og venskab, han havde til ham, drev ham, så han bekymrede sig om hans nød og gjorde dette. Så lad også os gøre sådan og tage os i agt, at vi ikke bedrager os selv og slår os til ro med, at vi nu har evangeliet, uden at tage os af vor næste i nød. Dette er nok om de to eksempler. Nu vil vi se på nogle enkeltheder i teksten.

At den spedalske her former sin bøn således og siger: "Herre! hvis du vil, kan du rense mig", skal ikke forstås som om han tvivlede på Kristi godhed og nåde. For troen ville intet være, om end den troede, at Kristus var almægtig, formåede alle ting og vidste alt. For dette er den levende tro, der ikke betvivler, at Gud også er så god og nådig, at han også er villig at gøre det, vi beder om. Troen tvivler ikke om, at Gud er velvillig mod ens person, vil og under en alt godt. Men det, hvorom troen beder, ved vi ikke med sikkerhed, om det er godt og til gavn for os, det ved alene Gud, derfor beder troen sådan, at den stiller alt under Guds nådige vilje, om det er til hans ære og til vor gavn. Den tvivler ikke på, at Gud vil give den det, eller om den ikke får det, at den guddommelige vilje så af stor nåde ikke har givet os det, fordi han ser, det er bedre uden. Således forbliver troen på Guds nådige vilje vis og sikker hvad enten han giver eller ej, som også Paulus siger i Rom. 8,26, at vi ikke ved, hvad eller hvordan vi skal bede. Og i Fadervor befales vi at give hans vilje førsteprioritet og bede derom.

Det er, som vi også ofte har sagt, man skal tro uden tvivl og uden at sætte grænser for Guds godhed. Men vi skal bede med den grænse, at hans ære, hans rige og vilje må ske, at vi ikke sætter tid, sted, navn eller grænser for hans vilje, men overlader alt frit til ham. Derfor behager den spedalskes bøn Herren så godt og bliver straks opfyldt, for hvor vi stiller os ind under hans vilje og begærer, hvad der behager ham, kan det ikke slå fejl, at han igen gør det vi ønsker. Troen gør, at han er gunstig stemt. Så udretter en sådan hengiven bøn, at han giver, hvad vi beder om. At den spedalske bliver sendt hen til præsterne, hvorfor det skete, og hvad det betød, er behandlet udførligt i prædikenen om de ti spedalske.

At Jesus siger: "så stor en tro har jeg ikke fundet hos nogen i Israel", har man gjort sig stor umage med at udlægge, så hverken Kristus kommer til at stå som en løgner, eller at Guds moder og apostlene bliver gjort ringere end denne officer. Skønt jeg nu kunne hævde, at Kristus her taler om de folk i Israel for hvilke han har prædiket og til hvilke han er kommet, så at hans mor og disciple er undtaget, da de drog med ham og kom til disse folk, vil jeg dog ganske enkelt blive stående ved Herrens ord og forstå dem, som de lyder. Og det for det første, fordi det ikke strider mod nogen trosartikel, at officerens tro ikke har haft sin lige hverken hos apostlene eller hos Guds moder. Hvor Kristi ord ikke åbenbart strider mod nogen trosartikel, skal man *lade dem gælde som de lyder* og ikke ved vor fortolkning og tydning forandre eller modificere dem, hverken pga. nogen hellig eller engel, ja, end ikke for Guds skyld. For hans ord er sandheden selv, ophøjet over alle hellige og engle.

For det andet, at sådan tydning og ændring udspringer fra et kødeligt sind og tanke, så vi ikke bedømmer Guds hellige efter Guds nåde, men efter deres person, værdighed og berømmelse, hvilket er Gud imod, der bedømmer helt anderledes, alene efter sine gaver. For Johannes Døberen lod han ikke udfører nogle undere, hvad dog mange ringere hellige har gjort. Og sammenfattende: han gør ofte gennem ringe hellige, hvad han ikke gør gennem store hellige. Han skjulte sig for sin mor, da han var tolv år, og lod hende fejle og være uvidende. Han viste sig for Maria Magdalene inden han viste sig for sin mor og apostlene påskedag. Han talte med den samaritanske kvinde Joh. 4 og ægteskabsbrydersken Joh. 8 så venligt som han aldrig gjorde med sin mor. Ligeledes, da Peter faldt og fornægtede ham, da forblev røveren på korset i en fast tro.

Med disse og lignende undere viser han, at han ikke vil have sin ånd i

16

de hellige bedømt af os, og at vi ikke skal dømme efter personen. Han giver sine gaver frit, således som det behager ham (siger Paulus 1 Kor. 12), ikke som vi synes. Ja, han siger om sig selv, at den, der tror på ham, skal gøre større gerninger, end han har gjort. Alt sammen fordi ingen skal ophøje sig over de andre, og ingen fremhæve den ene hellige frem for de andre og anstifte sekter, men lade alle være lige i Guds nåde, hvor forskellige de end er i deres gaver. Han udretter gennem Stefanus det, som han ikke gør gennem Peter. Og gennem Peter det, som han ikke gør gennem sin mor. For at det alene må være ham, der udretter alt i alle uden forskel på personer, alene efter sin vilje.

Altså må vi forstå det således, at han ved tidspunktet for sin prædiken ikke har fundet en sådan tro hverken hos sin mor eller hos apostlene, om end det er muligt, at han tidligere eller senere har fundet en større tro hos sin mor og apostlene og mange andre. For det er muligt at han har skænket sin mor en stor tro på den tid, hvor hun undfangede og fødte ham, og at troen senere ikke, eller kun sjældent, har været så stor, og at han undertiden har ladet den synke. Som han gjorde, da hun i tre dage havde mistet ham, Lukas 2, hvad han også gør med alle sine hellige. Hvor han ikke gjorde dette, ville de hellige vel blive hovmodige og gøre sig selv til afguder, eller vi ville gøre afguder af dem og mere se på deres person og værdighed, end på Guds nåde.

Lær nu heraf, hvilke narre vi er, at vi forstå os så lidt på Guds værk og undere, så vi foragter den menige kristne og mener, at kun de høje gejstlige og lærde kender Guds sandhed og kan dømme derom. Når Kristus dog her ophøjer denne hedning med sin tro over alle sine disciple. Det skyldes, at vi hænger os ved personer og titler, og ikke ved Guds ord og nåde. Derfor havner vi med personer og titler i alle slags fejl, idet vi siger, at den kristne kirke og kirkeforsamling har vedtaget det, de kan ikke tage fejl og har Helligånden. Kristus er imidlertid hos de foragtede og lader personer og kirkeforsamlinger fare til helvede. Bemærk derfor nøje, at Kristus højt ophøjer hedningen. Han gælder mere end Annas, Kajfas og alle præster, lærde og hellige, som rimeligt burde være denne hednings elever, og langt mindre beslutte eller bestemme noget over ham. Gud giver vel en stor hellig en lille tro, og en lille en stor tro, for at den ene altid skal agte den anden højere end sig selv. Rom 12.

"Herre! Jeg er for ringe." Dette er denne hednings store tro, at han ved, at saligheden ikke beror på Kristi legemlige nærvær. Denne hjælper ikke, men det beror på ordet og troen. Dette vidste apostlene endnu ikke, hans mor måske heller ikke. De holdt fast ved hans legemlige nærvær og slap det ikke gerne, Joh 16, holdt sig ikke sådan til hans ord alene. Men denne hedning lader sig så rigeligt nøjes med ordet alene, at han end ikke ønsker hans nærvær, eller mener sig værdig dertil. Han beviser oven i købet sin mægtige tro med en lignelse, idet han siger: "Jeg er et menneske og kan hos mine med et ord få udført, hvad jeg vil. Skulle du så ikke med et ord kunne udrette, hvad du vil, da jeg med sikkerhed ved, og du også har bevist, at sundhed og sygdom, død og liv er dig lydig, ligesom mine tjenere er det mod mig?" Derfor blev hans tjener også rask i samme stund på grund af denne tros kraft.

Barnets tro ved dåben

Og da tiden og teksten giver det, må vi tale lidt om den fremmede tro og dens kraft, da mange gør sig bekymringer derom, især på grund af de små børn, som man mener i dåben bliver salige, ikke ved deres egen, men ved en fremmed tro. Ligesom denne tjener ikke blev rask ved sin egen tro, men ved sin herres tro. Denne sag har vi endnu aldrig behandlet, derfor må vi her, for at forebygge kommende farer og vildfarelser, behandle det så vidt det står til os.

For det første må vi lade den *grundvold* stå fast og sikker, at *ingen bliver salig gennem andres tro* eller retfærdighed, men gennem sin egen. Modsat bliver ingen fordømt på grund af en andens vantro eller synd, men på grund af sin egen vantro, som evangeliet klart og tydeligt siger, Mark 16,16: "Den, som tror og bliver døbt, skal blive frelst; men den, som er vantro, skal blive fordømt." Og Rom 1,17: "Den retfærdige skal leve af tro." Og Joh. 3,16-18: "Den, som tror på ham, skal ikke fortabes, men have evigt liv." Og: "Den, som tror på ham, dømmes ikke; den, som ikke tror, er allerede dømt." Dette er klare, tydelige ord, som viser, at enhver selv må tro, og at ingen kan hjælpes gennem fremmed tro, hvis han ikke har sin egen. *Fra disse udsagn må man ikke vige eller fornægte dem, hvad end det måtte indebære.* Og man skulle før lade hele verden gå til grunde, inden man forandrede denne guddommelige sandhed. Og om noget tilsyneladende kunne anføres derimod, som du ikke kan forklare, skal du før bekende, at du ikke forstår det og overlade det til Gud, inden du gør indrømmelser i disse klare udsagn. Så må det forholde sig med hedninger, jøder, tyrker, småbørn og alt, som det kan, disse ord må og skal have ret og være sande.

Nu er spørgsmålet så, hvordan det forholder sig med de små børn, da de jo endnu ikke har nogen fornuft og ikke selv kan tro, da der står skrevet i Rom. 10 17: "Troen kommer af det, som høres, og det, som høres, kommer ved Guds ords prædiken." Nu hverken hører eller forstår jo de små børn Guds ord, altså kan de heller ikke have deres egen tro. På dette spørgsmål har forskerne på universiteterne og pavens bande opdigtet et svar. At de små børn bliver døbt uden egen tro, men på kirkens tro, som fadderne bekender ved dåben. Dernæst får barnet i dåben syndstilgivelse i kraft og magt af dåben og får indgydt en egen tro sammen med nåden, så at der fremstår et nyfødt barn ud af vand og Helligånd.

Men når man spørger dem om begrundelsen for et sådant svar, og hvor det står i Skriften, så finder man den i den mørkeste skorsten, eller de påberåber sig deres doktorhatte og siger: "vi er de højtuddannede doktorer og lærer sådant, derfor er det ret, spørg ikke yderligere." Ligesom næsten hele deres lære ikke har anden grund end deres egne drømme og tanker. Når de svinger sig højest, fremdrager de et eller andet løsrevet udsagn af Augustin eller en anden kirkefader. Men det er ikke tilstrækkeligt for os, i de sager, der angår sjælens frelse. De selv og alle de hellige fædre har været almindelige mennesker. Hvem kan garantere mig, at de har lært ret? Hvem vil forlade sig og dø derpå, når de lærer uden Skrift og Guds ord? Hellige her, hellige dér, når det gælder om at miste eller bevare sin sjæl for evigt, kan jeg ikke forlade mig på alle engle og hellige, endsige da en eller to, hvis ikke de fremholder mig Guds ord.

Fra denne løgn er de gået videre og er kommet så lang, at de har lært og endnu mener: "Sakramenterne har en sådan kraft, at du, selvom du ingen tro har og modtager sakramentet, at du så (så sandt du ikke har et forsæt om at synde) alligevel modtager nåden og syndsforladelsen uden nogen som helst tro." Det har de udledt af den forrige påstand, ud fra den mening, at de små børn altså uden tro, alene i kraft og magt af dåben, modtager nåde, som de drømmer om. Dernæst overfører de det også på de voksne og alle andre mennesker, og lærer alt sådan efter deres eget hoved, så de ganske mesterligt har udryddet den kristne tro, gjort den til intet og unyttig, og alene fremhævet vore gerninger ved hjælp af denne sakramentkraft. Derom har jeg skrevet udførligt i artiklerne mod pavens bulle.

De hellige gamle fædre har dog talt en smule bedre herom, skønt ikke klart nok. De lærer intet om en sådan *opdigtet sakramentkraft*, men lærer altså, at børnene bliver døbt i den kristne kirkes tro. Da de ikke udførligt har forklaret, hvordan denne kristne tro kommer børnene til hjælp, om de derigennem erhverver deres egen tro eller blot bliver døbt i denne kristne tro uden egen tro, så farer filosofferne til og tyder de hellige fædre derhen, at børnene, som er døbt uden egen tro, modtager nåde alene i kirkens tro. For de er troens fjender. Hvor de blot kan fremhæve gerningerne, må troen gå til grunde. De overvejer ikke engang, om de hellige fædre tog fejl, eller om de selv har forstået fædrene ret.

Tag dig i agt for denne gift og vildfarelse, om det så var alle fædrenes og kirkeforsamlingernes udtrykkelige mening. For den består ikke, har ingen grund i Skriften, men er bare menesketanker og drømme. Desuden strider det klart og tydeligt mod de forrige hovedudsagn, hvor Kristus siger: "Den, som tror og bliver døbt", så det kort og godt er besluttet: *"Dåben hjælper ingen, bør heller ikke tilbydes nogen, med mindre han selv tror, og ingen bør døbes uden egen tro."* Som også Augustin selv siger: "Non sacramentum iustificat, sed fides sacramenti: Sakramentet retfærdiggør ikke, men troen på sakramentet."

Foruden disse er der nogle andre, som de såkaldte valdensiske brødre, som mener, at enhver må tro selv og med sin egen tro modtage dåben eller nadveren, og hvor ikke, da er dåben eller nadveren dem til ingen nytte. Så langt lærer og tænker de ret. Men når de så går videre og døber de små børn, om hvem de mener, at de ikke har deres egen tro, så spotter de den hellige dåb, og synder mod det andet bud, når de misbruger Guds navn uden grund, bevidst og med vilje. Det hjælper heller ikke med den udflugt at de siger, at man døber børnene på deres *fremtidige tro*, når de får fornuft. *For troen må være til stede før eller også ved dåben, ellers bliver barnet ikke befriet fra djævelen og synden.*

Derfor, hvis deres antagelse var sand, så måtte det være ren og skær løgn og bespottelse, hvad man foretager med barnet ved dåben. For den, der døber, spørger, om barnet tror, og man svarer "ja" i dets sted, og om det vil døbes, dertil svarer man også "ja" i dets sted. Nu bliver der jo ingen døbt i dets sted, men det bliver selv døbt. Derfor må det også selv tro, eller fadderne må lyve, når de i dets sted siger "jeg tror". Ligeledes *forkynder* den, der døber, *at barnet er genfødt*, har fået syndsforladelse, er blevet befriet fra djævelen og iklæder det som tegn en hvid klædning og behandler det på alle måder som et nyt helligt Guds barn, *hvilket alt måtte være falsk, hvis det ikke havde sin egen tro*. Det var bedre aldrig mere at døbe et barn, end sådan at gøgle og klovne med Guds ord og sakramente, som var han en afgud eller nar.

Det hjælper heller ikke, at de opdeler Guds rige i tre dele: 1. den kristne kirke, 2. det evige liv og 3. evangeliet. De siger så, at børnene bliver døbt til Himmeriget på den 1. og 3. måde, det vil sige, de bliver døbt, ikke således at de derved bliver salige og får syndernes forladelse, men de bliver optaget i kristenheden og bragt til evangeliet. Det er aldeles intetsigende og eget tankespind. For det kan ikke kaldes at komme i Himmeriget, at jeg færdes blandt de kristne og hører evangeliet, hvilket også hedningerne kan, og det uden dåb. Det kaldes ikke at komme i Himmerige, hvad enten du taler derom på den første, anden eller tredje måde, som du vil. Men det kaldes at være i Himmerige, når jeg er et levende lem på kristenheden og ikke alene hører evangeliet, men også tror det. Ellers var man i Himmeriget på samme måde som når man kastede en sten eller klods ind blandt de kristne, eller som djævelen er iblandt dem. Derfor duer det overhovedet ikke.

Deraf ville jo også følge, at den kristne kirke havde to slags dåb, og børnene ikke havde samme dåb som de voksne. Og Paulus siger dog i Ef. 4,5: "én dåb, én herre, én tro." For hvor dåben intet udretter, og ikke giver børnene, hvad den giver de voksne, da er det ikke den samme dåb, ja, det er ingen dåb, men kun leg og spot med dåben, da der kun er én dåb, den, der gør salig. Hvis man ved eller mener, at den ikke gør salig, da skulle man ikke døbe. Døber man alligevel, så døber man ikke med den kristne dåb, for man tror ikke, at den virker, hvad dåben skal. Derfor er det en anden og fremmed dåb. Derfor var det næsten nødvendigt, at de valdensiske brødre selv lod sig omdøbe, ligesom de omdøber vore, da de ikke alene har ladet sig døbe uden tro, men også imod troen og til spot og vanære for Gud, har givet en anden, fremmed, ukristelig dåb.

Hvis vi nu ikke kunne svare bedre på dette spørgsmål og bevise, at de små børn selv tror og har deres egen tro, så er mit fortrolige råd og afgørelse denne, at man straks, jo før jo bedre, afstod fra at døbe et eneste barn, så vi ikke spotter og håner Guds højlovede majestæt med sådant tomt narreværk og gøgleri.

Derfor svarer vi altså her og trækker den slutning, at børnene selv tror i dåben og har deres egen tro. For Gud selv virker i dem gennem faddernes forbøn og frembæren i den kristne kirkes tro. Det er det, vi kalder den fremmede tros kraft. Ikke at nogen gennem den bliver salige, men at man derigennem, ved forbøn og hjælp, *selv modtager sin egen tro fra Gud,* hvorved man bliver salig.

Det forholder sig på samme måde som med mit legemlige liv og død. Skal jeg leve, så må jeg selv blive født, og ingen kan fødes for mig, så jeg derved bliver levende. Men min mor og jordemoderen kan vel ved deres liv hjælpe mig til min fødsel, så jeg får liv. Således må jeg også selv lide døden, når jeg skal dø, og en andens død kan ikke dræbe mig. Men han kan vel bevirke at jeg dør, hvis han forskrækker mig, falder ind i mig, kvæler, drukner eller forgiver mig. Ligeledes kan ingen fare til helvede for mig. Men han kan forføre mig ved vrang lære og liv, så jeg selv fortabes ved min egen vildfarelse, som er påført mig ved hans vildfarelse. Ligeledes kan ingen fare til himmels for mig. Men han kan hjælpe mig dertil, prædike, lære, lede, bede og erhverve troen hos Gud, hvorved jeg kan fare til himmels. Og denne officer er ikke blevet helbredt for sin tjeners sygdom, men han har udvirket, at tjeneren blev helbredt.

Således siger vi også her, at børnene ikke bliver døbt i faddernes eller kirkens tro. Men faddernes og kristenhedens tro udbeder og udvirker, at de får deres egen tro, i hvilken de bliver døbt og selv tror. Herfor har vi stærke og faste udsagn. Matthæus 19, Markus 10 og Lukas. 18. Da nogle bragte småbørn til Herren Jesus, for at han skulle lægge hænderne på dem, og disciplene forhindrede dem, revsede han disciplene og kærtegnede børnene og lagde hænderne på dem og sagde: "Himmeriget er deres og så videre." Dette udsagn kan ingen tage fra os eller med god grund nedrive. For her står, at Kristus intet forbud vil have mod at bringe børnene til ham. Ja, han befaler at de skal bringes til ham, og han velsigner dem og giver dem Himmeriget, bemærk det vel.

Dette er uden nogen tvivl skrevet om rigtige børn, og det går ikke, at man vil tolke Kristi ord, som om han talte om åndelige børn, der var små i ydmyghed. For det var legemlige små børn, som Lukas kalder "infantes", og det er dem, han velsigner, og om dem han siger, at Himmeriget er deres. Hvad skal vi sige til det? Skal vi sige, at de har været uden egen tro. Da er de forrige udsagn falske: "Den, som ikke tror, er dømt og så videre." Så måtte også Kristus lyve og spilfægte, når han siger, at Himmeriget er deres, og talte da ikke for alvor om det rigtige Himmerige. Tolk nu disse Kristi ord som du vil, så ser vi dog, at børnene blev bragt til Kristus, og at man ikke må forhindre dem. Og efter at de er bragt til ham, tvinger han os til at tro, at han velsigner dem og giver dem Himmeriget, som han gør mod disse småbørn. Og det tilkommer os på ingen måde at gøre eller tro andet så længe dette ord lyder: "Lad de små børn komme til mig; dem må I ikke hindre" Ikke mindre sømmer det os at tro, at når de er bragt til ham, han da kærtegner dem, lægger hænderne på dem, velsigner dem og giver dem Himmeriget, så længe denne tekst står fast, at han velsignede og gav Himmeriget til de småbørn, der blev bragt til ham. Hvem kan slippe forbi denne tekst? Hvem vil være så dristig, at han ikke vil lade børnene blive døbt eller ikke tror, at de velsignes, når de bliver frembåret?

Nu er Kristus jo lige så nærværende i dåben, som han var dengang, det ved vi kristne med sikkerhed, derfor tør vi heller ikke nægte børnene dåben. Så tør vi heller ikke betvivle, at han velsigner alle, som kommer, ligesom han gjorde mod disse. Så tilbagestår kun deres hensigt og tro, som bragte ham børnene. De udrettede og hjalp til ved deres frembæren, at børnene blev velsignet og fik Himmeriget. Det havde de ikke fået, hvis ikke de selv havde troet, som sagt. Så siger vi også her, at de små børn bliver båret til dåben gennem en fremmed tro og gerning. Men når de er kommet til dåben, og præsten eller den, der døber, handler med dem i Kristi sted, så velsigner han dem og giver dem troen og Himmeriget. For præstens ord og handling er Kristi egne ord og handling.

Hermed stemmer også, hvad Johannes siger i 1. Joh. 2,12: "Jeg skriver til jer, I fædre. Jeg skriver til jer, I unge. Jeg skriver til jer, I børn." Han nøjes ikke med at skrive til de unge, men skriver også til børnene. Og skriver, at de kender Faderen. Deraf følger jo, at apostlene har døbt børnene og således ment, at de tror og kender Faderen, som om de havde fået fornuft og kunne læse. Selv om nogle ville tolke ordet "børn" som talt om de voksne, således som Kristus et sted kalder sine disciple, så er det dog sikker, at der her tales om dem, der er yngre end de unge, så det må betyde, at der tales om dem, der er under 15 eller 18 år. Alle derunder er indbefattet, lige fra det første år, for de kaldes alle børn.

Men lad os nu se grunden til, at de ikke anser børnene for troende. De siger, at fordi børnene endnu ikke er kommet til fornuft, kan de ikke høre Guds ord. Og hvor Guds ord ikke bliver hørt, kan der ikke være nogen tro, Rom. 10,17: "Troen kommer af det, som høres, og det, som høres, kommer gennem Guds ord og så videre." Sig mig, er det kristeligt talt sådan at bedømme Guds handlen efter vore tanker? Børnene er ikke kommet til fornuft, derfor kan de ikke tro? Hvad nu hvis du ved en sådan fornuft allerede var kommet bort fra troen, og børnene ved deres ufornuft var kommet til tro? *Ja, hvad godt gør fornuften i det, der angår troen og Guds ord? Er det ikke den, der allerkraftigst modstår troen og Guds ord, så ingen kan komme til tro på grund af den,* eller har vilje til at lide for Guds ord? Ikke før fornuften bliver blændet og skændet, og mennesket dør og bliver som en nar og så ufornuftig og uforstandig som noget barn, hvis det vil blive troende og modtage Guds nåde. Som Kristus siger i Matthæus 18,3: "Hvis I ikke vender om og bliver som børn, kommer I slet ikke ind i Himmeriget." Og hvor ofte fremholder Kristus ikke, at vi må blive som børn og tåber, og fordømmer fornuften?

Sig mig ligeledes, hvilken fornuft havde disse børn, som Kristus tog i favn og velsignede og tildelte Himmeriget? Var de ikke også uden fornuft? Hvorfor befaler han da, at de skal bringes til ham, for at han kan velsigne dem? Hvorfra havde de en sådan tro, som gjorde dem til Himmerigets børn? *Nej, netop fordi de er uden fornuft og ubegavede, er de bedre skikkede til tro, end de voksne og fornuftige, hvem fornuften altid står i vejen,* så de ikke kan få deres store hoveder gennem den smalle port. Her skal man ikke se på fornuften eller dens gerninger, når man taler om troen og Guds gerninger. Her virker Gud alene, og fornuften er død, blind og over for dette som en ufornuftig sten. På det står Skriften fast, når den siger: "Gud

24

er underfuld i sine hellige." Ligeledes Es. 55,9: "Som himlen er højere end jorden, er mine veje højere end jeres."

Men da dette stikker så dybt i fornuften, må vi angribe med deres egen klogskab. Sig mig, hvorfor døber du et menneske, når det er kommet til fornuft? Svarer du: "han hører Guds ord og tror", så spørger jeg: "hvorfra ved du det?" Du svarer: "Han bekender det med munden." Hvad skal jeg sige, hvad nu, hvis han lyver og bedrager? *Du kan jo ikke se ind i hans hjerte.* Altså, du døber her ikke på anden grund, end hans ydre bekendelse, og er uvis med hensyn til hans tro og må tænke, at hvis han ikke indvendig i hjertet har mere end du i det ydre kan konstatere, så hjælper hverken hans høren, bekendelse eller tro. For det kunne være ren indbildning, og ikke en ret tro. Hvor er du så henne, når du siger, ydre hørelse og bekendelse er nødvendig til dåb, hvor det findes skal man døbe. Du må jo her selv indrømme, at *en sådan høren og bekendelse er uvis*, og dertil ikke nok, til at modtage dåben. På hvad døber du da? Hvordan vil du forsvare, at du sådan sjusker med dåben i tvivl?

Er det ikke tværtimod sådan, at du her må komme frem og sige, at det ikke tilkommer dig at gøre og vide mere, end at man bringer en til dig, som du skal døbe, og fordrer dåben af dig, og du må tro eller overlade det til Gud, om vedkommende indvendig tror ret eller ej, dermed er du uskyldig og døber ret. Hvorfor vil du da ikke her handle mod børnene, om hvem Kristus befalede, at de skulle bringes til ham, for at blive velsignet? Hvorfor vil du først have den ydre høren og bekenden, når du dog selv indrømmer, at den er uvis og ikke tilstrækkelig til dåb? Du lader Kristi klare ord fare (hvor han befaler at bringe børnene til sig), på grund af dit krav om en ydre høren.

Desuden, sig mig, hvor bliver den Kristustroendes fornuft af, når han sover, da jo hans tro og Guds nåde ikke forlader ham? Kan troen her bestå uden hjælp fra fornuften, idet man ikke er sig den bevidst, hvorfor skulle den så ikke kunne begynde i børnene, inden fornuften ved derom? Det samme kan siges om alle de tidspunkter, hvor en kristen lever og arbejder eller er optaget af et eller andet, at han da ikke er sig sin tro og fornuft bevidst, og dog forlader troen ham ikke. Guds gerning er skjult og underfuld, hvor og når han vil. På den anden side også åbenbar nok, hvor og når han vil, så det er for højt og dybt for os at dømme derom.

Da Kristus altså byder, ikke at hindre børnene i at komme til sig, så han kan velsigne dem, og da det ikke fordres af os, at vi skal være sikre på, hvordan det står til med troen indvendig, og da den døbtes ydre høren og bekenden ikke er tilstrækkeligt, så skal vi lade det blive derved, at det for vor del, dvs. for den, der døber, er nok, at vi hører bekendelsen af den, der selv kommer til os. Og det af den grund, at *vi ikke skal give sakramentet mod vor samvittighed, som til dem, hvor der ikke kan forventes nogen frugt.* Men hvis de forsikre vor samvittighed ved deres søgen og bekendelse, så vi kan give det som et sakramente, der giver nåde, da er vi undskyldt. Er hans tro ikke ret, så må vi overlade det til Gud. Vi har da ikke givet det som en unyttig ting, men med den vished, at det er nyttigt.

Alt dette siger jeg, for at man ikke sådan rask væk skal døbe, som de gør, der også døber, når de med sikkerhed ved, at det intet udretter eller gavner. For dermed forsynder den, der døber sig, da han bevidst bruger Guds sakramente og ord unyttigt, eller har en sådan overbevisning, at det intet kan og skal udrette, hvilket er en ganske uværdig brug af sakramentet, og at friste og spotte Gud. For det er ikke at bruge sakramentet, men at drive spot med det. Men hvis den døbte lyver eller ikke tror, vel, så har du dog handlet ret og givet et ret sakramente med god samvittighed, som noget, der skal gavne.

De, der ikke selv kommer, men bliver frembåret, som dem, om hvem Kristus bød, at de skulle bringes til ham, deres tro skal du overlade til ham, der bød, at de skulle frembæres. Døb dem på hans befaling, idet du siger: "Herre, du fører dem til mig og byder at døbe dem, så vil du også tage ansvaret for dem. Det forlader jeg mig på. Jeg tør ikke jage dem bort eller forhindre dem. Har de ikke hørt ordet, hvorved troen kommer, på samme måde som de voksne, så hører de det dog som små børn gør. De voksne fatter det med ørene og fornuften, men ofte uden tro. *Men de hører det med ørene uden fornuft og med tro. Og troen er så meget nærmere, jo mindre fornuften er,* og jo stærkere den er, som frembærer dem, end viljen er hos de voksne, som selv kommer."

Det, der anfægter sådanne drømmere mest er, at de voksne har en fornuft, og opfører sig, som om de tror ordet, de hører, og det kalder de tro, hvorimod de ser, at børnene endnu ikke har fornuft, og opfører sig, som tror de ikke.

De ser imidlertid ikke, at troen på Guds ord er en hel andet og dybere sag, end fornuftens omgang med Guds ord. For troen er alene Guds værk og er over al fornuft. Den er børnene lige så nær som de voksne, ja, meget nærmere, og de voksne lige så fjern som børnene, ja, meget fjernere.

Det andet er derimod en menneskelig gerning udsprunget af fornuften. Så det synes mig, at hvis nogen dåb er sikker, så er *barnedåben den allersikreste*, netop på grund af Kristi ord, der byder, at bringe dem til sig - og de voksne kommer jo selv. Og hos de voksne kan der være bedrageri på grund af den åbenbare fornuft, ikke i børnene på grund af den skjulte fornuft, i hvilken Kristus giver velsignelse, fordi han bød, at de skulle bringes til sig. Det er et fortræffeligt ord, som man ikke sådan skal slå hen i vejret, at han byder, at børnene skal bringes til sig, og straffer dem, der søger at forhindre det.

Hermed vil vi imidlertid ikke have prædikeembedet svækket eller nedlagt. For Gud lader det jo vist heller ikke blive prædiket på grund af at fornuften skal høre, da der ingen frugt kommer deraf. Men *på grund af den åndelige høren*, hvilken, som sagt, *også børnene har* lige så vel og bedre end de voksne. Børnene hører jo også ordet, for *hvad er dåben andet end evangelium*, til hvilket de bliver bragt? Skønt de kun hører evangeliet én gang, så hører de det desto kraftigere, fordi Kristus antager sig dem, han, der bød, at de skulle bringes. De voksne har da den fordel, at de ofte høre ordet og atter kan tænke derpå. Dog går det også ofte således til med de voksnes åndelige høren, at det ikke trænge ind ved mange prædikener, men det kan ramme én gang i én prædiken, så man har nok i evighed. Hvad man derefter hører, er enten til forbedring af det første eller atter til fordærvelse.

Sammenfattende, barnedåbens trøst består i de ord: "Lad de små børn komme til mig; dem må I ikke hindre; thi Guds rige hører sådanne til." Dette har han talt, og han lyver ikke. Så må det også være ret og kristeligt at bringe børnene til ham, og det kan ikke ske uden i dåben. Så må det også være sikkert, at han velsigner og giver Himmeriget til alle, der kommer til ham, sådan som ordet lyder "Himmeriget hører sådanne til." Dette få være nok for denne gang.

Til sidst kunne man her komme ind på den åndelige betydning af spedalskhed og gigt. Men om spedalskhed er der talt tilstrækkeligt i prædikenen over de ti spedalske. Derfor skal det ikke behandles yderligere her.

Genfødt ved tro i boden - Kirkepostillen 1522

Følgende lille stykke er også fra Luthers Kirkepostil, fra den del, der allerede udkom i 1522 og som kaldes Julepostillen.

Som det fremgik af det forrige stykke "Om dåben og barnets tro", er tro og genfødelse knyttet uløseligt sammen. Den, der tror, er genfødt. Den, der ikke tror, er ikke genfødt.

Ved barnedåb er Luther overbevist om, at genfødelsen altid finder sted, da troen altid vækkes i barnet (se Luthers begrundelser i forrige prædiken).

Ved dåb af voksne må vi imidlertid dogmatisk set regne med at det ikke altid tilfældet, selvom vi i kærlighed altid må tro og håbe det bedste.

Og en barnedøbt kan desværre under opvæksten miste sin genfødelse igen. Luther kan derfor tale om en ny genfødelse hos voksne. En genfødelse ved tro i boden eller omvendelsen, når anfægtelsen kommer.

Men hvad enten genfødelsen sker i dåben eller i omvendelsen er den i alle tilfælde knyttet sammen med troen. Ja, som Luther direkte siger her, så er troen lig med genfødelsen.

Tredje juledag: Johannesevangeliet 1,1-14

Vers 13:

Den guddommelige fødsel er nu intet andet end troen. Hvordan går det til? Ovenfor har vi set, hvordan nådelyset bekæmper og blænder fornuftens naturlige lys. Evangeliet kommer og nådens lys bevidner, at mennesket ikke må handle og leve efter eget forgodtbefindende, men at det må forkaste, døde og ødelægge det naturlige lys. Hvis mennesket antager dette vidnesbyrd og følger det, opgiver sit eget lys og tanker, og gerne vil være en nar og lade sig føre, belære og oplyse, se, *da bliver mennesket forandret i sin inderste substans,* nemlig sit naturlige lys. Da slukkes det gamle lys og et nyt lys tændes, nemlig troen. Den følger han gerne gennem liv og død. Holder alene fast ved Johannes' vidnesbyrd eller evangeliet.

Se, så er han genfødt af Gud ved evangeliet. Her forbliver han og lader sit eget lys og tanker fare. Som Paulus siger i 1 Kor 4,15: "Jeg har i Kristus født jer ved evangeliet". Og Jakob 1,18: "Efter sin vilje fødte han os ved sandhedens ord til at være en førstegrøde af hans skabninger". Derfor kalder Peter os også Guds nyfødte børn i 1 Pet 2,2. Ligeledes kaldes evangeliet Guds livmor, i hvilken han undfanger, bærer og føder os som en mor undfanger, bærer og føder et barn i sin livmor. Esajas 46,3: "Hør mig, alle der er tilbage af Israels hus, som jeg bar i min livmor".

Men denne fødsel viser sig ret, når anfægtelser og døden kommer. *Da erfarer man, hvem der er genfødt eller ej.* Da klynker og klager fornuften sig, det gamle lys, og giver nødig slip på sine tanker og vilje, vil ikke lade sig døde og begrave af evangeliet. Men de, der er genfødt - *eller da bliver genfødt,* de lader det gamle lys fare med liv, gods, ære og hvad man har. De stoler og holder sig til Johannes' vidnesbyrd. Derfor får de også arveret til det evige liv som rette børn. (WA 10 I 1,231).

Om den hellige dåb 1535

Skriftet "Om den hellige dåb" fra 1535 er det sidste skrift om dåben, som Luther selv udgav.

Første del af skriftet handler om, hvad dåben er, nemlig vand forbundet med løftet om syndernes forladelse og indesluttet i Guds befaling om at døbe.

I sidste del, som bringes her, behandler Luthers så dåbens rette brug og i den forbindelse selvfølgelig også troens funktion og betydning. Luther viser, at der går et usynligt skel ned gennem de døbtes rækker. "Nogle modtager dåben i tro, andre uden tro."

Den i sig selv rette og gyldige dåb, kan modtages på uret vis - og gavner da intet!

Ifølge Luther opretter Gud eviggyldig nådepagt med os, som altid står ved magt fra Guds side. Men hvis vi går væk fra pagten og holder os borte fra Gud, så gavner dåben os intet. Lige så vigtigt det er at holde dåb og tro sammen i selve livet, er det derfor for Luther at holde dem adskilte i dogmatikken, i vores forståelse af sagen.

Sidst i skriftet fremhæver Luther også dåbslivets betydning. Dåben har etiske konsekvenser i vores indbyrdes samliv. Som Luther siger det: "Du er blevet renset for dine synder og har fået nåde, for at du skal føre et nyt liv og holde op med at synde." Det hedder faktisk syndernes forladelse og ikke syndernes tilladelse.

Et troende menneske kan ganske vist stadig blive overrumplet og falde i synd, men for Luther og vores reformatoriske fædre er der en afgørende forskel på det og så bevidst og med vilje at vælge synden og forblive i den. Det sidste vil før eller siden skille os fra livet med Gud.

Om den hellige dåb

At døbes i tro

Vi har tidligere set, både hvad dåben er og hvilken kraft og nytte, den har. Nu vil vi også se på *dåbens brug* eller på dem, der bliver døbt.

Her skiller vejen sig, så der opstår forskelle. For selv om alle bliver døbt med samme dåb, modtager de ikke alle dåbens kraft og nytte. Der er nemlig to slags mennesker, der bliver døbt. *Nogle modtager dåben i tro, andre uden tro.* I sig selv er dåben god nok og lige så hellig og guddommelig for den vantro som for den troende. Dog er der den afgørende forskel, at den vantro ingen gavn har af dåbens kraft og nytte. Men det er ikke dåbens skyld, men deres egen, da de ikke bruger den, som man skal. Karret er ikke skikket til at tage imod. Hjertet er tillukket, så dåbens kraft ikke kan komme ind og virke i det. De begærer det ikke og vil ikke lade det ske.

Det kender vi også fra naturen: Den kære sol varmer og lyser alle steder, men ikke alle ser det eller bliver varme. Og dog er den rette, kære sol med sin varme, glans og al energi hos den ene såvel som den anden. Hvorfor lever nogle så i mørke og kulde? Fordi de har lukket døre og vinduer, og ikke ønsker at se solen. Sådan er det også med de vantro hjerter. De er døbt med den rette dåb, der er et guddommeligt, himmelsk bad med alt, hvad Gud har lagt deri, men da de ikke vil tro og modtage det, så har de ingen gavn deraf. *Ikke på grund af manglende kraft eller ufuldkommenhed hos dåben,* men fordi de vender den ryggen og ikke åbner hjertet, så den kan komme ind og virke i dem.

Den, der derimod tror, at Gud i dåben har indstiftet et genfødelsens bad, i hvilket man bliver renset fra synden og bliver et Guds barn, han får det. Som man tror, får man. Her står hjertet åben, så dåben kan komme til med hele sin kraft. Den oplyser og varmer, og skaber af det gamle, døde menneske en ny, levende helgen.

Den forskel har Kristus vist med ordene: "Den, der tror og bliver døbt, skal blive frelst, men den, der er vantro, skal blive fordømt". Med disse ord har han angivet, både hvad dåben gavner og virker, og hvordan de skal være skikket, i hvem dåben udfører sit hverv. Eller hvad der hører til, for at man kan modtage dåben til nytte og gavn, nemlig troen.

Den rette dåb modtaget uret

Vi har ofte indprentet, hvordan man skal bruge dåben og altid holde sig til den i tro, og øve sig på dette så længe, man lever. Nu er det nok, at vi lærer at skelne ret, så vi kan modstå sværmerne. *For én ting er at blive døbt med den rette dåb, noget andet at modtage dens kraft og nytte.* Man skal ikke ringeagte og forkaste dåben i sig selv, blot fordi den ikke straks bliver ret modtaget. Dette gør gendøberne, som påstår, at papisternes dåb ikke er gyldig, da den både gives og modtages uden tro. Derfor må de, der er døbt af dem, døbes igen. Denne vildfarelse har også mange haft tidligere i kirkens historie, som for eksempel Cyprian.

At vi strides med papisterne om dåb og nadver betyder ikke, at vi anser deres dåb og nadver for ugyldig eller uden kraft, når de forvaltes efter Guds indstiftelse. *Det er deres lære, vi straffer,* som er imod troen og dåbens rette brug. Derved gør de, at dåben intet udretter. Og *de, der er ret døbt, river de atter bort* og lader ingen beholde dåben ren, så vidt det står til dem. De hævder nemlig, at dåben ikke gavner længere, når først dåbskjolen er snavset til og uskylden er borte. De synder, man begår efter dåben, må derfor fjernes ved gerningsbod og fyldestgørelse. *De sætter altså vore egne gerninger i dåbens sted.* Derved indstifter de en ny dåb, ikke i vand, men i gerninger. Uforskammet sammenligner de munkevæsenet og klosterlivet med dåben.

Det er mod en sådan uforskammet og fordømt lære, vi prædiker og strider. Men alligevel fornægter vi ikke dåben, som vi har fået fra dem. Tværtimod bringer vi atter den kære dåb, som de i kirkens navn har modtaget af Kristus gennem apostlene, i sin rette brug, imod deres *gerningsdåb,* som de har tilføjet. Ligesom vi atter har bragt evangeliet og Skriften, som de ganske vist har modtaget ret, men fordunklet og forfalsket ved deres menneskelære, ud i lyset igen ren og klar. Denne sondring gør gendøberne ikke, så de skelner mellem dåben, som paven giver i Kristi navn og så den lære, som han har udtænkt imod dåben. Sammen med læren forkaster de også dåben som om den intet er eller gælder. Som om også dåben var et menneskepåfund ligesom deres lære. Dermed river de fuldstændig dåben væk.

I dogmatikken skal dåb og tro holdes skarpt adskilt

For at vi nu kan beholde dåben og den rette lære både over for papisterne og gendøberne, så lære og indprenter vi altid den skelnen mellem Guds værk og vor. Når vi taler om, hvad dåben er og dens nytte, så taler vi ikke om vore gerninger. For hvem vil påstå, at han har udtænkt og indstiftet dåben, eller kendt til den, hvis ikke Gud selv havde indstiftet den og befalet os at døbe. Langt mindre kunne vi give dåben dens kraft og nytte. Både dens væsen og kraft er helt og holdent Guds værk, hvortil vi intet bidrager. Hvor vi ser, der bliver handlet efter Guds ord og befaling, skal vi overhovedet ikke betvivle, at den, der bliver døbt, modtager den rette dåb. Men når du er døbt, skal du se til, hvordan du tror og bruger dåben ret. *Kort sagt skal man skille disse to, dåb og tro, så langt fra hinanden som himmel og jord.*

Hvad Gud udretter og laver, er nemlig sådanne ting, der er faste, sikre, uforanderlige og evige som Gud selv. Derfor forbliver de også faste og uændrede, og bliver ikke anderledes, selv om nogen misbruger dem. Men hvad vi gør, er foranderlig og usikker, så man ikke kan stole og bygge på det. Derfor, for at dåben skal bestå og være sikker, har han ikke grundet den på vores tro, da den er usikker og kan være falsk, men på sit ord og ordning. Så er den gyldig og består, selv om troen ikke er til stede.

Ved hjælp af denne skelnen kan enhver selv bedømme og gendrive de vildfarelser, der kan opstå i forbindelse med dåben. Som når man siger, at dåben ikke gælder, når den er givet af en, der ikke tror. Det lyder jo fromt og har været en vidt udbredt mening, så endog den store biskop og martyr Cyprian blev fanget af den. Men det er at bygge dåben på mennesker, så den bliver usikker og unyttig. For hvis jeg skulle vente til jeg var helt sikker på, at den, der døbte mig, var ren, så blev hverken jeg eller nogen anden nogensinde døbt. Jeg måtte jo så også fjerne Fadervor, hvor vi beder: Forlad os vor skyld.

Guds ordninger afhænger ikke af vor værdighed

Derfor siger vi: I denne sag må vi for alt i verden ikke bygge på vor værdighed og rene hænder. Her har vi nemlig andre hænder end vore, nemlig

Kristi hænder, der er helt rene og hellige, så de gør alt det helligt og rent, de rører. Det er ham, der indstifter og forvalter dåben. Alt, hvad der sker i dåben, er hans værk. Når nu han, hvis dåb det er og som selv døber, er hellig, hvorfor skulle det så bekymre mig, om jeg, du og alle mennesker er urene? Ligesom den kære sol ikke bliver besmittet og uren, fordi den skinner på såvel møg som på guld. Den skinner lige så klart på møgdyngen som på de hvide klæder. Det skader den ikke, om det, den rammer og oplyser, er urent. På samme måde med dåben. Selv om den bliver givet ved en uren tjener, så skader det hverken dåben eller mig, der bliver døbt. Dåben og dens embede tilhører nemlig ikke mennesker, men Kristus.

Ja, hvis Guds ordning og befaling kun gælder dér, hvor personen er ren og uden synd, så kunne ingen mere prædike Guds ord eller lære, trøste og regere. Man ville aldrig finde én, der er helt ren og ikke har behov for at bede Fadervor. Så skulle børnene heller ikke adlyde deres forældre, da de ikke er rene og hellige. Så måtte man også afskaffe øvrigheden, da de fleste ikke er fromme. Det kunne blive et kønt virvar.

Cyprian er far til gendøberne

Du ser altså at dette er en forfærdelig vildfarelse som Gud på en særlig måde atter må have befriet Cyprian fra og renset ham ved Kristi blod. Dog blev kimen her lagt til mange skadelige ting. *Det er her fra gendåben fra først af har sit udspring.* Den, der nu igen tager overhånd, så land og folk føres i fordærv. Deres tomme bedrag bygger på denne påstand: I troede ikke, da I blev døbt. Eller selv om I troede, så var de, der døbte jer, dog urene og gudløse. Derfor må I atter lade jer døbe.

Den, der ikke vil forføres her, må lære at skelne ret, så han svarer: At jeg er døbt, er ikke mit værk, heller ikke hans, som døbte, for dåben tilhører ikke mig, eller præsten eller noget andet menneske, men Kristus, min Herre. Hverken min eller din renhed gør noget hertil, for hverken jeg eller noget menneske skal hellige og rense dåben. Tværtimod skal vi alle helliges og renses i dåben. *Derfor grunder jeg ikke dåben på min tro, men derimod bygger jeg min tro på dåben.*

Lad os blot forestille os, at den, der bliver døbt, ung eller gammel, slet ikke tror. *Det kan jo hænde, at en eller anden lader sig døbe i en falsk hensigt.* Man skal da ikke sige, at hans dåb intet er. Tværtimod må jeg sige, at han har modtaget den rette dåb, selv om det er til skade og fordømmelse. En vantro, der misbruger Guds navn, synder jo også mod den rigtige Gud. Og evangeliet er Guds ord, selv om en skurk prædiker eller hører det. Sådan som også Kristi legeme og blods højværdige sakramente modtages af såvel forræderen Judas som af Sankt. Peter. Gud bliver ikke en anden på grund af os, eller ændrer og svækker sit ord og værk på grund af vor tro eller vantro. Og det ved vi med sikkerhed, at vi hverken er eller kan blive rene. Hvis dåben beror på vor renhed og tro, ser det altså ilde ud. Djævelen ville da snart rive troen væk og ødelægge dåben, så ingen længere kunne være sikker og forlade sig på dåben.

Gendøbernes dåb er usikker

Desuden vil jeg gerne høre af gendøberne, hvordan de sikrer sig, at deres dåb er ret, når de forkaster vores og gendøber dem, som de mener, er uret døbt. Kan de give en sådan forsikring, skal jeg gerne lade mig døbe ikke blot én gang, men så tit, de ønsker. Hertil svarer de: Du ved ikke, om du troede, da du blev døbt, men nu døber jeg dig, fordi du tror og ved, hvad du gør.

Men hvor ved de fra, at den, der skal døbes, nu også virkelig tror? Jo, svarer de, du bekender troen og ønsker at blive døbt. Men det er jo at bygge på sand. For *hvordan ved du med sikkerhed, at han ikke bedrager dig med sin bekendelse?* Er det tilstrækkeligt, at han siger det med munden? Sådan kan enhver skurk vel sige og opføre sig som om han tror. Hvis du stoler på det, må jeg minde dig om, at Skriften lærer, at alle mennesker er løgnere og falske. Skriften forbyder os, at stole på mennesker. *Din gendåb bliver således uvis.* Ja, forbudt og fordømt, da den grunder sig på mennesker og sætter sin tillid til en skabning. Vi vil derimod ikke bygge på mennesker, men alene på Guds værk. Det er ikke alene sikkert, men forbliver og gælder også evigt, når det én gang er udført. Det skal man ikke ændre eller forny, som man gør med menneskers handlinger og værk.

I dåben oprettes en evig nådepagt

Det gælder også dåben, ved hvilken vi, når vi én gang har modtaget den, bliver optaget blandt deres tal, der skal frelses, og i hvilken Gud slutter en *evig nådepagt* med os. At vi ofte snubler og falder, dermed er dåben ikke spildt. Ligesom nåden forbliver og råder evigt, så vi altid kan vende tilbage, hvis vi falder, således forbliver dåben også altid. *Du kan ikke falde så langt og dybt, at du ikke atter kan og skal komme tilbage.* Og selv om du ikke tidligere har troet, skal du ikke lade dig døbe på ny. For dåben er som sagt et evigt bad, hvor vi er placeret og skal forbliver evigt, ellers er vi fordømt.

Du ser altså, at gendøberne er nogle blinde fjolser og forførere, der intet forstår af Guds ord og værk. De synder dobbelt mod den hellige dåb. For det første ved at skænde og fordømme den rette dåb ved deres lære. For det andet ved at deres dåb ikke er sikker, og derfor i sandhed ingen dåb er, men blot en opdigtet idé. Nu er det slemt nok, at kritisere den rette dåb og dermed påfører sig selv en forfærdelig straf. De bekæmper Guds ordning, så de berøver både sig selv og andre dåben med al den nåde, der er givet deri.

Dåbens etiske konsekvenser

Det må nu være nok om den hellige dåbs højværdige sakramente, så man kan opretholde den rene lære og forståelse imod Djævelens hjernespind. Det har lykkedes ham, at fjerne dåben helt, eller at berøve folk dens kraft og nytte. Men vi, der ved Guds nåde har læren og brugen af dåben ren og klar, har særskilt behov for en prædiken om *dåbens frugt og følge*. Her sporer man nemlig *stor mangel hos os.*

Mange opfører dig desværre som om de har i sinde at forblive som før i deres gamle hud. De lever, som de vil, og bruger kun den hellige dåb som et skalkeskjul. Som om de er kaldet til nådens rige, for at få lov til at leve, som de vil, og alligevel forlade sig på, at Gud er dem nådig. De undskylder sig sådan: Jeg er et svagt menneske. Gud må holde mig det til gode og tilgive. Nej, kære broder, den vej har jeg ikke anvist dig, at dåben skulle give frihed til at synde, men lige modsat. *Du er blevet renset for dine synder*

og har fået nåde, for at du skal føre et nyt liv og holde op med at synde. Det
rimer ikke, at være døbt og forblive i synden. Dåben er jo netop givet, for
at borttage synden, så mennesket kunne blive from og vokse i gode ger-
ninger. Hvor man før var ulydig, vred og utro, skal man da opgive dette,
bede et Fadervor og så for fremtiden stræbe efter at være lydig, tålmodig
og kysk. Hvis du ikke gør det, skal du ikke tro, at det står ret til med dig.
Da skal du ikke rose dig højt af Kristi nåde og undskylde dine synder der-
med.

At falde i synd og at leve i synd

Det er noget andet, om du forbedrer dig så meget, at du ikke længere bli-
ver vred eller misundelig som før, men i løbet af et år eller så, måske falde
en eller to gange på grund af *svaghed eller uforsigtighed.* Det kan man
holde dig til gode og atter hjælpe dig til rette. Men at du forbliver i dit
gamle væsen og fortsætter med vrede, utålmodighed og misundelse, det
viser, at du har modtaget den hellige dåb til stor skade.

Altså hvis du tidligere har været utro, havesyg og tyvagtig, så skal då-
ben lærer dig, at du ikke længere skal gøre disse ting. Det forrige liv skal
være tilgivet og dødt, og for fremtiden skal du være et andet, fromt, ret-
færdigt, godgørende, kysk menneske. Lever du et sådan liv med disse
frugter, så viser det, at dåbens kraft virker i dig. Sker det da, at du snubler
og falder i et stykke eller to, så har du lov til at trøste dig med nåden og
syndsforladelsen. Men altså ikke hvis du bliver ved og fortsætter dermed,
idet du siger: Hvad kan jeg gøre? Jeg kan ikke andet. Og er det ikke ren
nåde og forladelse? - *Den går ikke.* Dermed gør du Gud vred og kommer
længere og længere bort fra nåden, så du til sidst mister den. Så havner du
i den utilgivelige synd, at du fornægter og ringeagter den kære dåb og
nåde.

Hold derfor selv dit liv frem for dig og se, hvordan det rimer med din
dåb. Skønt du er kaldet og sat i nådens rige, hvor du på grund af Kristus
har del i alt, hvad de kristne har, så gavner det dig intet, hvis du altid for-
bliver som før. Du kan ganske vist kaldes en kristen, men har dog mistet
Kristus. Synden er din herre og du tjener Djævelen. *Du har ikke andet end*

navn og skin af kristendom, hvormed du bedrager dig selv og andre. For Gud har ikke alene givet den kære dåb og nadver, for at tilgive dine synder. Han vil også dagligt udrense og helt fjerne, hvad der endnu er tilbage af synd, så der fremstår et helt andet menneske, der er egnet til og ivrig efter gode gerninger. *Hvor dåben er ret modtaget, sker det virkelig også at synden daglig aftager og bliver mindre.* Hvis ikke så viser det, at du nok har iklædt dig festdragten, men at der gemmer sig en skurk derunder, som besmitter og ødelægger den skønne dragt.

Lad os derfor med alvor og flid se til, at vi ikke mister ordets dyrebare skat og den salige dåb.

Forelæsningen over Første Mosebog 1535-45

Fra 1535-45 holdt Luther med store og små pauser forelæsninger for de teologiske studenter i Wittenberg over Første Mosebog.

Disse forelæsninger blev nedskrevet af Luthers venner og udgivet. Kommentaren til de første 12 kapitler nåede Luther selv at være med til at få i trykken. Den sidste del blev først udgivet efter hans død i 1546.

Denne kæmpe kommentar til Første Mosebog, som findes i en ældre dansk udgave på over 2500 sider, er således en uvurderlig kilde til Luthers sidste tanker. Vi får her et indblik i den modne reformators afklarede tanker og teologi.

I forbindelse med kapitel 17 har Luther en længere kommentar til spørgsmålet om omskærelsens betydning. Og Luther trækker da en parallel til dåben i det nye testamente. Ifølge Luther er det nemlig ikke kun os, der har sakramenter. Også før Jesu fødsel var der sakramenter til. Som vi har dåb og nadver, havde de omskærelsen og påskelammet. Og om både nytestamentes og gammeltestamentes sakramenter gælder det, at Gud ganske vist står inde for både gyldigheden og virkningen, men at de intet gavner uden tro.

Den klare reformatoriske parallel mellem dåb og omskærelse er desværre forsvundet fra manges tanker i dag - med den alvorlige konsekvens, at man derfor ikke ser og bruger teologien bag omskærelsen i forbindelse med drøftelserne omkring barnedåben. Både dåb og nadver er jo pagtstegn og ritualer, hvorved man blev optaget i pagten. Og når det gælder omskærelsen er det soleklart, at den også omfattede børnene. Ja, ikke kun børn, der havde nået en bestemt modenhedsalder, men bitte, små spædbørn (latin: infantes) på kun otte dage.

Det er ind i denne sammenhæng, vi må forstå og se på dåben. Det ville være helt utænkeligt for Jesu jødiske tilhørere, at ikke også børnene skulle høre med til den nye pagt og derfor også kunne få del i den nye pagt tegn lige som de havde del i den gamle pagts tegn.

Forelæsningen over Første Mosebog

Første Mosebog 17,3-6

Vi har nu set, at *omskærelsen ikke er et tegn, der retfærdiggjorde Abraham,* men symboliserer den retfærdighed, der *allerede var i ham på grund af troen.* Det rejser da det spørgsmål, om dette segl så kun er et tomt tegn, eller om sagen, som symboliseres, selv er til stede.

Til dette svarer jeg: *Hos Abraham er omskærelsen blot et tegn uden ind hold,* det vil sige at den er et tegn, der ikke virker, hvad den symboliserer. Argumentationen hos Paulus er nemlig uigendrivelig, når han beviser, at Abraham allerede var retfærdig før omskærelsen. Altså er omskærelsen her et tegn, der blot symboliserer retfærdigheden, men ikke bevirker den. Den møder nemlig en Abraham, der allerede er retfærdig, og gør ham ikke retfærdig.

Anderledes forholder det sig med Abrahams efterkommere. Her kommer omskærelsen ikke til nogen, der allerede var retfærdig som Abraham. Her er det retfærdighedens segl, da *retfærdigheden her er til stede.* For således står der skrevet: "Hvis et drengebarn ikke omskæres, skal han udryddes af mit folk, da han har brudt min pagt". Dette beskriver noget åndeligt og evigt.

Denne trussel bekræfter, at et drengebarn, der omskæres på den ottende dag, bliver frelst og regnes med blandt Guds folk. Altså var *omskærelsen virkekraftig i Abrahams efterkommere. Den bragte retfærdighed,* ikke på grund af selv handlingen, hvor man er helt passiv, men *på grund af Guds løfter,* der var forbundet med denne passive handling.

Når nu omskærelsen havde sin virkning på grund af løftet, og løftet ikke kan gribes uden tro, så følger, ikke alene at de omskårne børn bliver optaget i Guds folk og er retfærdige - men også at *børnene har tro ved Helligåndens med virken.*

Dette er vigtigt og derfor skal man nøje lægge mærke til det. Det viser klart, at Gud optager jødernes børn i sit folks fællesskab og den evige nåde. Denne omskærelsens herlighed kender jøderne intet til. De tænker kun på den store lidelse, som de tillægger retfærdighed og fortjeneste. De betænker ikke løftet og troen, der er Helligåndens gerning.

Det er en stor blindhed. *Omskærelsen udretter nemlig intet som sådan, men troen på ordet må komme til.* Når troen er til stede, så er omskærelsen retfærdighedens segl og indeholder retfærdighed.

Jøderne angiver en tåbelig grund for omskærelsen. De siger, at forhuden borttages, fordi ingen anden legemsdel er så overflødig og unyttig. Som om der ikke var andet, der var meget mere overflødig som hår og negle, som vi afklipper, fordi de er overflødige. Som om Gud er en sådan arkitekt, der har skabt noget overflødigt.

Sådanne argumenter stammer fra et forblindet sind, der ikke har et gran af forstand. Vi følger derfor Paulus, der kalder omskærelsen for retfærdighedens segl, idet han *knytter omskærelsen sammen med troen*, da den er forbundet med et løfte. *Men hvis du skiller omskærelsen fra troen, så er den i sandhed død og ingenting.* Det er en sådan kødelig omskærelse, jøderne roser sig af.

Frelse uden det ydre sakramentale tegn
Men her opstår et andet spørgsmål. Når uomskårne drengebørn gik fortabt, hvad skal man så mene om dem, der dør inden den ottende dag? Og hvad med pigerne? Og hvad med vore børn, der dør før dåben, enten under graviditeten eller umiddelbart efter fødslen?

Angående de børn, der dør før den ottende dag, er det let at svare. Ligesom med vore *børn, der dør inden dåb.* De synder jo ikke mod omskærelsens eller dåbens pagt. Og hvordan skulle Gud kunne fordømme dem, der dør inden tiden, når loven befaler, at de først skal omskæres på den ottende dag.

Deres sjæle skal vi betro i vor himmelske fars vilje, som vi ved, er barmhjertig. Her må vi også hente trøst i det, Paulus siger i Rom 5,14, at de "ikke har syndet ved en lignende overtrædelse som Adam". Eller det, der siges om Esau og Jacob i Rom 9,11: "før de havde gjort noget godt eller ondt".

For selv om børnene medbringer medfødt synd, som vi kalder arvesynd, så er der dog den store forskel, at de ikke har syndet mod loven. Og da Gud af væsen er barmhjertig, vil han ikke lade dém være dårligere stillet, der ikke kunne blive omskåret i den gamle pagt eller døbt i den nye pagt.

Hvad angår de *jødiske piger* er det også let at svare: Da omskærelsens segl alene var påbudt det mandlige køn, angår det ikke pigerne. Da de er Abrahams afkom, er de dog ikke udelukket fra Abrahams retfærdighed, men *opnår den alene ved troen*. Men de voksne, der enten ringeagter omskærelsen eller dåben, de fordømmes visselig.

Barnetroen

Man skal lægge godt mærke til befalingen om omskærelse, for at gendrive *gendøbernes vildfarelse*. De mener nemlig, at dåben skal gentages. Og at alene voksne bør døbes, da børn ingen fornuft har. Og hvor der ingen fornuft er, dér er der heller ingen tro.

Men hør nu her: Vi har jo set, at omskærelsen alene gavner på grund af troen. Og børnene befales, at omskæres på den ottende dag og har løfte om, at Gud vil opholde og bevare dem. Altså må befalingen om omskærelse enten være nytteløs eller også må børnene, der er *uden nogen fornuft, kunne tro*. Gennem omskærelsen må de have opnået retfærdighed ved troen, på samme måde som Abraham opnåede det, mens han endnu var uomskåret. Der loves nemlig de omskårne, at de skal være Guds folk og at Gud vil være deres Gud. De er altså medborgere i Guds rige og retfærdiggjort ved *den retfærdiggørende tro, som Gud giver dem ved Helligånden*.

Hvis jøderne har opnået dette i den gamle pagt gennem omskærelsen, hvorfor skulle Gud så ikke kunne gøre det samme med hedningerne ved dåben i den nye pagt. For befalingen er universel: "Gå ud i alverden, lær og døb alle folkeslag". Hvor omskærelsen altså kun gælder Abrahams slægt, så er dåben befalet alle folkeslag sammen med *løftet om frelse, hvis de tror*.

Når Abrahams slægt på grund af løftet havde den velsignelse, at de, der blev omskåret på den ottende dag, *fik skænket troen og blev Guds folk*, hvorfor skulle man så benægte, at det samme gælder hedningerne, som er forenet med Gud ved dåbspagten?

For dåben er ikke ringere end omskærelsen, især ikke da omskærelsen alene angik drengebørn, mens dåben omfatter begge køn.

Dåb og omvendelse

Ligesom jøderne, der ved synd faldt fra pagten med Gud, ikke havde nødig igen at lade sig omskære, men atter blev optaget i nåden, når de vendte tilbage til pagten og styrkede sig ved løftet, sådan bør de, der nu falder ud af nåden ikke lade sig gendøbe. Ved en fast tro skal de støtte sig til det løfte, der én gang er givet og håbe på nåde for Kristi skyld.

Dette argument imødegår altså kraftigt dem, der nægter at døbe børn, fordi de ikke har fornuft og derfor heller ikke tror. Her er nemlig befaling om, at omskære børn på den ottende dag, med det løfte tilføjet: "Jeg vil være deres Gud".

Begge dele, både befalingen og løftet, viser altså, at børnene fik retfærdighed tilregnet gennem omskærelsen, ligesom den blev tilregnet Abraham før omskærelsen ved troen. For uden tro er det umuligt at have Guds velbehag.

Omskærelsens pagt skulle kun vare indtil Kristus. Da hedningerne også skulle være medborgere i Guds rige, ville han afskaffe det gamle tegn eller pagt, og indstifte et nyt tegn. Som han siger: "Den, der ikke bliver født af vand og Ånd, kan ikke komme ind i Guds rige".

Det sakramentale tegns betydning

Vi har noget lignende på det verdslige plan, selv om det ikke passer i alle detaljer: En, der har været tapper til at forsvare sit fædreland, ham skænker kejseren en eller anden medalje, og forærer ham gods og guld. Disse gaver nyder alle hans efterkommere godt af, og opmuntres til at efterligne hans eksempel. Men hvis de opfører sig dårligt, kan kejseren atter tage sine gaver tilbage.

Således har Gud givet den sejrrige patriark, der ikke alene besejrede fjenderne, men også synd og død, omskærelsen som et tegn på hans dyder. *Ikke kun som et tomt tegn,* for også hans efterkommere skulle glæde sig og nyde godt af denne velsignelse - vel at mærke, hvis de fulgte deres stamfaders dyder.

Selv om alene Abrahams slægt skulle bære dette tegn for hele verden, blev hedningerne dog også indbudt derved til at kende og tjene Abrahams Gud.

Derfor siger Paulus i Rom 4,11: "Omskærelsen fik han som et tegn og et segl på den retfærdighed ved tro, han havde, inden han blev omskåret". Og fortsætter: "for at han skulle være fader til alle de uomskårne, der tror". Og: "for at han skulle være fader til de omskårne, når de ikke kun har omskærelsen, men også går i sporene af den tro, som vor fader Abraham havde, før han blev omskåret".

Dette er en præcis definition på omskærelsen, at den er et offentligt tegn, som indbyder alle, hvad enten de er omskåret eller uomskåret, til at følge Abrahams tro.

Han er både fader til hedninger og jøder. Derfor blev han også smykket med et nyt tegn, for at også hedningerne skulle slutte sig til ham, så de erkendte, bekendte og dyrkede den samme Gud. For også hedningerne indbydes til den samme trosretfærdighed, så Abraham kan blive mange folkeslags fader, som det var lovet.

Således blev Job, Farao og mange andre frelst på lovens tid og før, skønt de ikke var af Abrahams slægt. For Abraham skulle være fader, ikke alene til jøderne, men også til de hedninger, der tror.

Selv om de fremmede ikke blev tvunget til omskærelse, blev de altså optaget i de retfærdiges fællesskab. Omskærelsen havde imidlertid også den nytte, at folket havde en bestemt skikkelse, indtil han kom, til hvem alt henfører. Han, der oprejste en ny fane eller tegn, ikke alene for ét folk, men for hele verden.

For alle

Kirken skal nemlig ikke lukkes inde i et eller andet afsondret hjørne, således som den romerske pave ikke vil anerkende en kirke, der ikke anerkender ham. Den fane, som Kristus oprejste, da han sagde: "Gå ud i alverden", er ikke bestemt alene for et enkelt sted eller familie. Derfor kaldes kirken katolsk (: almindelig). Og dog er kirken alene blandt de døbte. Uden dåb er der nemlig ingen frelse. Ligesom der ved omskærelsen var frelse, ikke på grund af selve handlingen, men på grund af troen på det løfte, der var forbundet med omskærelsen og ligesom indoptaget i den.

Således har den guddommelige visdom fra verdens skabelse af bestemt og tilrettelagt det sådan, at der altid skal være et offentligt tegn, til hvilket alle folkeslag kunne se hen, så også hedningerne kan finde den sande Gud og dyrke ham, selv om *ikke alle, der havde dette tegn, troede og opnåede retfærdighed.*

Andre tegn

Før omskærelsen var ofrene således tegn, som brødrene Kain og Abel ofrede. Abels offer var et retfærdighedstegn, fordi han troede. For Kain var det *ikke et retfærdighedstegn, fordi han ikke troede.* Han havde alene den nøgne gerning uden tro.

På samme måde oprettes omskærelsen som et tegn eller et banner, som de, der skal frelses, ser hen til. For da Abraham ved guddommelig velsignelse skulle blive til mange folk og riger, var kirken på hans tid ligesom indlemmet i hans legeme og havde et universelt tegn, der hørte til kirken. *Dog var dé ikke udelukket fra frelsen, der troede uden at have dette tegn.*

Hvad er et sakramente

Augustin definerer et sakramente således, at det er en synlig skikkelse af den usynlige nåde. Det er godt sagt og viser samtidig, hvorfor det ofte bliver foragtet af dem, hvem det egentlig tilhører. Som Esajas 65,1 siger: "Jeg er at finde for dem, der ikke søger mig. Men det folk, til hvem jeg dagen lang rækker hænderne ud, er vantro og følger en vej, der ikke er god, efter deres egne tanker",

Dette er Guds beslutning, som man må slå sig til tåls med. Gud giver nådetegn, for at de skal kendes af syndere, så de kan frelses. Men ofte går det sådan, at de foragtes af dem, for hvem de er givet.

Således er dåben givet som et retfærdighedstegn for alle, der tror på Kristus. Papisterne priser også dåben, men forgæves, da de ikke tror, men fordømmer og forfølger læren om retfærdiggørelsen.

Således var Johannes en røst i ørkenen, der førte dåbens banner, men blev foragtet af farisæerne. Som Esajas 10,11 siger: "Isajs rodskud skal stå som et banner". Jøderne forkastede dette tegn, men hedningerne sætter deres håb til det.

Vi siger det samme om omskærelsen, der ikke var pålagt hedningerne, men som dog blev indbudt til samme tro, for at Abraham skulle være fader til både omskårne og uomskårne.

Menneskelige påfund

Mange hedninger kom altså til tro, mens jøderne beholdt deres uomskårne hjerter. Således blev omskærelsen også en anledning til frelse for hedningerne og til gavn for dem. Vi må nemlig have sådanne kendemærker og tegn af den grund, at vi kan blive ført til erkendelse af Gud. For den menneskelige fornuft kan ikke selv finde Gud, hvis ikke sådanne tegn, som Gud selv har indstiftet, så at sige *tager os ved hånden*. Intet er mere farligt end hvis nogen selv udtænker sig en vej til Gud og støtter sig til sine egne spekulationer.

Således plejede vi at gøre i pavedømmet. Én mente at kunne finde Gud i Rom, en anden i Spanien, en anden i en anden del af verden. Da enhver forsøgte sig sådan, kom det til at passe, hvad der står i Salme 14,3: "De er alle kommet på afveje, alle er fordærvede".

Hvorfor fulgte vi ikke i stedet de tegn, som Gud selv havde givet os, for at samle os om den ene tro, nemlig Guds ord, dåben og Herrens måltid?

På samme måde havde også jøderne templet, omskærelsen og andre gudstjenestelige skikke, om hvilke de skulle samles som om en militærfane, og erkende Gud som deres fører. I stedet var enhver ivrig efter at udtænke sin egen måde at dyrke Gud på, og fulgte den til deres sikre undergang.

Men når som helst Gud åbenbarer sig i et eller andet tegn, lige meget hvilket, så skal vi gribe ham dér. Men Satan fjerner altid de sande tegn for vore øjne, og opstille nogle falske. Ligesom han for de vildfarne om natten viser syner, som de intetanende følger, så de falder i huller eller vand.

Derfor formaner Kristus os alvorligt til at sky disse ting, når han siger i Matt 24,23: "Hvis nogen siger: Se, her er Kristus! eller: Her er han! så tro ham ikke".

Kristus skal søges dér, hvor han åbenbarer sig og vil kendes, som i ordet, i dåben, i nadveren. Dér er han at finde med sikkerhed. Ordet kan ikke bedrage os. Men ofte går det sådan, at fornuften ringeagter disse ting og vender sig til skøgen på torvet, Ordsp 7,12.

Altså skal enhver lægge sig på sinde, at gå den vej, som Gud selv har foreskrevet, ikke den, vi selv vælger. For vort valg er syndigt og fejlagtigt.

Som Esajas 66,3 siger: "Alle vælger deres egen vej". Og Paulus fordømmer i Kol 2,23 "selvvalgt gudsdyrkelse". Det er sikkert, at mennesker ikke kan finde Gud ved egen visdom. Desuden kan Satan forvandle sig til en lysets engel og omgive sig med majestætisk guddommelighed, idet han gør tegn og undere for at bekræfte sine vildfarelser.

Kun én vej

Vi er fri for denne fare, hvis vi følger den synlige skikkelse eller de tegn, Gud selv har sat frem for os. I den nye pagt har vi i synlig skikkelse Guds Søn i sin moders skød. Han har lidt og er død for os, som trosbekendelsen lærer. Derudover har vi andre ydre skikkelser som dåben, nadveren og det forkyndte ord selv. Derfor kan vi ikke klage over, at han har ladt os i stikken.

Men Satan selv og hans tjener paven med hele hans kirke fører os bort fra disse synlige skikkelser, der er guddommelig indstiftet, til hans egne skikkelser: de kanoniserede helgener, påkaldelse og tilbedelse af afdøde hellige og billeder, der er opstillet på bestemte steder, for at skaffe profit, osv.

Derfor må vi ruste os mod disse snarer, så vi siger: Før Kristus kom, kender jeg ikke til nogen anden kirke end den, der var i Abrahams hus og hvis kendetegn var omskærelsen. Efter Kristi komme kender jeg kun Kristus, og det som korsfæstet. Han åbenbarer sig for os i synlig skikkelse, i absolutionen, i nadveren. Dér ved jeg, at jeg møder Gud. Dér, og intet andet sted, får jeg syndernes forladelse.

Nej, siger paven, Gud giver sine hellige forskellige gaver. Hvilke mirakler er domkirken i Santiago de Compostela ikke smykket med på grund af den hellige Jakob. Hvilke mirakler sker der ikke i Rom. Gud vil altså også søges og lade sig finde dér. Således har også Frans af Assisi efterladt sig en hellig regel, så de, der overholder den, må behage Gud. På samme måde gavner fædrenes vedtægter, som de bifalder.

Så travlt har Satan med at føre os bort fra de guddommelige skikkelser, som er foreskrevet os. Men behold og følg du denne regel, der er sikker og ufejlbar, at Gud i sin visdom har bestemt, at han vil åbenbare sig for mennesker i bestemte pålidelige og synlige skikkelser, som man kan se med øjnene og gribe med hænderne, kort sagt føle med alle fem sanser. Se, så nær kommer den guddommelige majestæt os.

Det er den højeste visdom, at man holder fast ved disse synlige skikkelser. Og eksemplerne fra alle patriarker, profeter og fromme lærer os, at Satan altid forsøger, at fordunkle disse skikkelser og sætte andre i stedet.

Således var omskærelsen et synligt tegn, ikke indstiftet af mennesker, men af Gud, for at han derigennem skulle erkendes, så ikke alene jøderne, men også hedningerne skulle tro på den samme Gud, der på denne måde åbenbarede sig for jøderne.

Forskel på børn og voksne

Derfor er det min mening, at jeg tror, at *alle omskårne jødebørn, der døde i de første leveår, blev frelst*. De befinder sig nemlig i Abrahams skød, det vil sige det løfte at Gud vil være deres Gud.

Det samme mener jeg om vore døbte børn. Men fordi det kan hænde, at de voksne udslukker troen ved synd, så bliver de ikke frelst, hvis de ikke tror, selv om de er døbt. Dette sker ikke med børnene, der forbliver i den frelse, de har modtaget og således frelses.

Denne lære er nødvendig og priser sakramenternes herlighed, som sværmerne gør ringe, fordi de ikke lægger mærke til ordet. For det er ikke en leg eller en spøg, når Gud i forbindelse med omskærelsen siger: "Jeg vil være Gud for dig og din slægt efter dig".

Omskærelsen var et ydre, synligt tegn, hvorpå man kunne kende jøderne, men den var ikke indstiftet alene for at samle folket politisk og være et indbyrdes kendetegn. Omskærelsen var også *et sakramente, det vil sige den guddommelige viljes tegn*. Altså et tegn for den troende på evig frelse. Den viste nemlig, at Gud var dette folks Gud. Og: "Gud er ikke Gud for de døde, men for de levende". Altså er de ved omskærelsen, til hvilken troen slutter sig, ikke alene medborgere i det folk, der var adskilt fra andre folk, men de var også arvinger til det evige liv. For Gud er udødelig og evig, derfor skænker han også sine udødelighed.

Nøjagtig det samme mener vi om dåben i den nye pagt og om nadveren, idet vi ikke på sværmerisk facon antager, at de kun er ydre tegn, der adskiller de kristne fra alle andre. Ganske vist gør de det, men ikke det alene. De, der tror løftet og bruger disse tegn, bliver Guds folk og frelses.

Men man skal huske, hvad jeg før sagde om omskærelsen. Selv om den kun var påbudt Abrahams slægt og alene drengene, så var hverken jødepigerne eller hedningerne udelukket fra nåden. *For omskærelsen i sig selv gavner intet, men troen på det løfte, der er knyttet sammen med omskærelsen.*

Før omskærelsen var ofrene og ordets embede synlige tegn på den usynlige nåde, og med Abraham blev omskærelsen indstiftet indtil den velsignede sæd kom.

Efter Kristi komme har vi den hellige dåb, nadveren, absolutionen, i hvilke tegn Gud åbenbarer sig og *frelser dem, der bruger dem i tro.* Og hvis Kains slægt, som blev undervist i Guds ord, var kommet til tro, var de også blevet frelst. For Kain blev ikke forkastet, således at hans efterkommere blev nægtet Guds frelse.

Således erkender dronningen af Saba og kong Hiram den omskårne Salomos Gud, selv om Hiram forblev uomskåren. Abrahams skød, i hvilket også hedningerne samles, er altså Abrahams tro, ved hvilken også de *får del i løftet, skønt de ikke har del i det til løftet knyttede synlige tegn.*

Abraham er således kirkens fader og pave, ikke på grund af omskærelsen, som alene er et tegn på retfærdighed, ikke retfærdigheden selv, men på grund af løftet om den velsignede sæd. Enhver, der har denne tro, hvad enten de lever i Ægypten eller Kanaan, er Abrahams børn, beåndet med den *samme Helligånd* som Abraham, hedningernes far. Således forbliver der en eneste og sikker kirke og en eneste vej, ikke mange eller usikre veje. (WA 42,620-29).

Læreafgørelse om genfødelsen
fra det teologiske fakultet i Wittenberg

I 1664 udgav det teologiske fakultet i Wittenberg bogen "Consilia Theologica Witebergensia". Denne bog er en kæmpe moppedreng på 1600 sider á 20x35 cm., som indeholder en lang række officielle betænkninger, beslutninger og domme fra reformationen og frem til udgivelsen i 1664. Som begrundelse for udgivelsen angiver man i forordet, at flere af disse dokumenter efterhånden er blevet sjældne, og at man på denne måde derfor vil bevare dem for eftertiden. Mange af de teologiske stridigheder, der dukkede op i 1600-tallet havde man allerede tidligere taget stilling til, så ved flittig granskning af disse dokumenter af Luther og hans tro efterfølgere på lærestolen i Wittenberg, kunne man undgå nye stridigheder i kirken.

Hele denne dokumentsamling er tilegnet Frederik III, som man takker for hans understøttelse af reformationen indtil nu, så både Danmark og Norge kan kaldes "rette lutherske kongedømmer". I forordet hedder det desuden, at man "i alle ting skal begynde med Gud". Det var dette udtryk kongen benyttede året efter, i 1665, som indledningen til Kongeloven: "Den bedste begyndelse på alle ting er at begynde med Gud".

Blandt mange andre spændende ting finder vi i denne samling også fakultetets betænkning fra sidst i 1500-tallet om genfødelsen i dåben. Man fastslår da, at genfødelsen ikke hører med til selve dåbens væsen, men til dens frugt, som modtages i tro. Tanken om "hyklerens genfødelse" (der Irrthumb von der Wiederburt der Heuchler) tages der skarpt afstand fra.

Det lutherske dåbssyn

Årsagen til denne læreafgørelse skyldtes Samuel Huber, der blev ansat som lærer ved fakultetet i 1592. Han gjorde sig hurtigt bemærket ved at nægte at medunderskrive nogle dåbsteser forfattet af fakultetets ledende professor Aegidius Hunnius. I disse teser havde Hunnius sammenfattet den lutherske dåbslære således: "Ved dåben bliver *alle børn* født på ny af Gud ved Helligåndens kraft og virkning. Med hensyn til de voksne må man imidlertid skelne mellem dem, der modtager dåben med troende hjerter og hyklerne, der kun for et syns skyld og med bedrag lader sig døbe. De første bliver virkelig genfødt og modtager ved troen dåbens kraft og frugt. De andre rækkes ganske vist en *fuldkommen dåb*, hvad angår dens substans og væsen, *men frugten og kraften bliver udenfor* på grund af deres vantro, bedrag og hykleriske vilje." (s. 553).

Dette officielle dokument afslog Huber som sagt at underskrive, da han hævdede: "Alle, der bliver døbt, bliver også genfødt, hvad enten de tror eller ej, idet de bliver døbt" (s. 553).

Hunnius og fakultetets øvrige teologer måtte dog afvise denne indvending med en henvisning til, at ifølge luthersk dåbslære, så "må *troen og genfødelsen aldrig skilles* ad" (s. 553).

Fakultetet havde så en læresamtale med Huber, hvor det tilsyneladende i første omgang lykkedes at overbevise ham om, at han havde taget fejl. I en skriftlig redegørelse fremlagde Huber sit nyreviderede dåbssyn, som blev godtaget og anerkendt som luthersk af fakultetet. Heri siger han: "Hykleren modtager ikke dåbens frugt og nytte, *hvilket er genfødelsen og fornyelsen*, selvom dåben ikke kun er vand, men et vandbad i Ordet. Derfor hører genfødelsen til dåbens frugt og nytte, og ikke til dens substans og væsen - for ellers ville også den skinbarlige hykler blive genfødt" (s. 561). Denne erklæring fremkom i 1594.

Samuel Hubers dåbssyn

Allerede året efter viste det sig dog, at Hubers tilslutning til det lutherske dåbssyn kun var tilsyneladende. Han udgav nemlig da nogle artikler om dåben, hvor han blandt andet. skrev: "For at undgå gendåb må man trøste det bodssøgende menneske, som endnu ikke var ret omvendt, da han blev døbt, med at han sikkert og sandt har modtaget genfødelsen, dvs. den nåde at Gud antog ham sig som sit barn i dåben i kraft af dens indstiftelse - selv om han på grund af sin vantro selv har forhindret Helligåndens fornyelse indtil nu" (s. 561).

Som man kan se, angiver Huber som begrundelse for at han nu knytter genfødelsen eksklusivt til dåben og lærer at alle bliver genfødt i dåbsøjeblikket, at det er for at undgå gendåb. Nøjagtig de samme tanker, som

52

man kan møde i dag. For at afgrænse sig over for frikirkerne og modvirke gendåb er man betænkelig ved at tale om en ny genfødelse i omvendelsen. Man anser det ikke for tilstrækkeligt at lære, at der altid i dåben sker en eviggyldig pagtstiftelse, men ønsker desuden en lære om, at alle også bliver genfødt i dåben uafhængig af, om de tror eller ej. I 1800-tallet havde dette syn stor udbredelse og har som man kan se rødder tilbage til 1500-tallet og Huber - men disse tanker blev altså *afvist af et samlet teologisk fakultet* i Wittenberg!

Fakultetet opfattede Hubers nye artikler således, at han ikke virkelig stod ved sin redegørelse året før. Hele sagen endte med Hubers afskedigelse. Ud over hans afvigende dåbssyn begrundede fakultetet afskedigelsen også med afvigelser i læren om det evige nådevalg, hvor Huber lærte, at alle mennesker var udvalgt til frelse af Gud fra evighed af uanset deres tro eller vantro. Desuden mente man, at han sammenblandede forsoning og retfærdiggørelse, så han lærte, at menneskeslægten ikke alene var forsonet ved Kristi død, men også retfærdiggjort.

Læreudtalelse fra fakultetet

Som afslutning på sagen udarbejdede fakultetet en læreafgørelse om genfødelsen i dåben, som blev underskrevet af samtlige teologer. Dokumentet findes på side 642 og lyder i min oversættelse sådan: "Vi forkaster som fejl og vildfarelse, at doktor. Huber foregiver, at genfødelsen hører til den hellige dåbs substans og væsen, da Helligånden i Skriften og også børnekatekismen henfører genfødelsen til dåbens virkning, frugt og frelsende brug. For det andet forkaster vi, at også gudløse hyklere, når de midt i deres vantro bliver døbt som voksne, ikke alene modtager den rette dåb - hvilket også vi mener - men desuden også bliver født på ny af Gud og virkelig renset for synden. Ligeledes at de samme hyklere, selvom de ikke er virkelig omvendt, når de bliver døbt, ikke desto mindre, i kraft af indstiftelsen, sikkert og vist i dåben modtager genfødelsen og nåden, at Gud har antaget dem som sine børn. Ligeledes at de bliver genfødt uden Helligåndens fornyelse, hvilket er en åbenbar, uhyrlig selvmodsigelse, der gendriver sig selv. Ligeledes at også sådanne gudløse hyklere i dåben - selv midt i deres ubodfærdighed - i kraft af dåbens indstiftelse antages som Guds børn og regnes med blandt Guds børn. Ligeledes at disse på en og samme gang, ifølge doktor Hubers lære, er Guds børn, men dog skønt de er Guds børn, har modtaget barnekårets nåde til dom. Dette er en sammenblanding af dåbens substans og dens nytte; adskillelse af genfødelsen og fornyelsen ved Helligånden; at blive genfødt uden omvendelse; antaget til barnekår uden tro på Kristus; modtagelse af barnekårets nåde til dom - hvilket man klart og totalt må forkaste og fordømme som uhørte paradokser og håndgribelige selvmodsigelser, som ingen apostel nogensinde har drømt om."

I denne kontrovers i 1500-tallet har vi altså en klar læreafgørelse fra det wittenbergske fakultet, underskrevet af samtlige teologer. Man fastslog da, at *genfødelsen ikke hører med til dåbens væsen, men til dens frugt og nytte, som er betinget af troens tilstedeværelse.* Genfødelsen må aldrig skilles fra troen. Når dåben forvaltes efter Guds indstiftelse er det altid en ret dåb, som aldrig skal gentages, men uden tro sker der ingen genfødelse. Ved dåb af børn regner man (som Luther) med, at børnene altid bliver virkelig genfødt i dåben, da barnet kommer til tro "ved Helligåndens kraft og virkning".

Dåb, genfødelse og tro i dag

Dette lutherske dåbssyn, hvor genfødelse og tro er knyttet uløseligt og uadskilleligt sammen, finder vi også beskrevet og bekræftet i nyere tid hos en så betydelig teolog som *Regin Prenter,* i hans bog "Kirkens lutherske bekendelse", hvor han på side 100 om dåben siger, at den "ikke kan virke menneskets genfødelse uden i og ved den tro, som alene Helligånden kan give det i hjertet". Han viser, at dette også er Grundtvigs forståelse af "dåbspagtens oprettelse". Dette gælder også ved dåb af børn. Og hvor denne opfattelse opgives, da får man vanskeligheder med at fastholde barnedåben som virkelig genfødelse. "Enten opgiver man tanken om genfødelsen, og dåben bliver bare en symbolsk 'forkyndelse' af Guds uforskyldte nåde, eller også fastholder man, 'at der virkelig sker noget i dåben', men, når dette 'noget' sker, uden at barnets tro er med i det, glider man uundgåeligt i retning af en 'magisk' dåbsopfattelse, hvorefter dåben virker automatisk, uden at menneskets tro er med i det, altså 'ex opere operato',

som det hed hos skolastikerne. Begge opfattelser er uforenelige med det,
Den augsburgske Bekendelse siger om dåben som genfødelsens bad. Det
var ikke Luthers tanke - og heller ikke Melanchthons og de andre luther-
ske kristnes tanke i 1530 - at 'et så lille barn' ikke 'kan' tro." (s. 105).

Også dr.theol. *E. Thestrup Pedersen* beskriver dette syn i sin bog "Dåb
og dåbsundervisning i folkekirken", hvor han på side 89 siger, at i mod-
sætning til "katolikker, gendøbere, de reformerte, den moderne tro - som
alle hævder enstemmigt, at et spædbarn ikke kan tro, for det har ingen
fornuft", så fastholdt Luther læren om spædbarnstroen. "På faddernes og
kirkens bøn skaber Gud troen i barnet, der ikke som den voksne ved selv-
klog fornuft formår at vende sig fra ordet".

Genfødelsen følger altid troen

En lang række steder i helt centrale skrifter som Kirkepostillen og skriftet
Om Nøglemagten udtaler Luther selv som en naturlig, dogmatisk konse-
kvens af denne sammenhæng mellem tro og genfødelse, at hvor troen ikke
er, dér er den "nye fødsel" heller ikke. Og hvor mennesket atter får skæn-
ket troen gennem evangeliets forkyndelse, dér bliver man "atter født på
ny". Ja, "den guddommelige fødsel er intet andet end troen". Denne kon-
sekvens er klar og tydelig beskrevet i dr.theol. *Aksel Valen-Sendstads* "Kri-
sten dogmatikk" og i den svenske *biskop Bo Giertz*` "Troens ABC", som er
oversat til dansk af *Bartholdy,* Indre Missions længst siddende formand
med 25 år.

Der er således en både lang og bred tradition i den lutherske kirke for
det syn, der knytter genfødelse og tro sammen. Melanchthon kan i Apo-
logien som et almengyldig udsagn sige: *"Genfødelsen sker ved tro i boden"*
(fit autem regeneratio fide in poenitentia). Det gælder såvel den bod og
omvendelse, der sker i dåben som den, der sker efter et eventuelt frafald
fra dåben. Ligesom et menneske, der bliver døbt som voksen uden tro,
først bliver genfødt når og hvis vedkommende kommer til tro. Desværre
blev denne klarhed i det lutherske dåbssyn fordunklet i 1800-tallet via på-
virkning fra såvel katolsk som reformert hold, så dette dåbssyn i dag ikke
skinner så klart som på reformationstiden.

Dåbsritual og dåbssyn

I sit skrift "Om kirkens babyloniske fangenskab" fra 1520 begynder Luther afsnittet om dåben med en lovprisning af, at Gud "i det mindste har bevaret dette ene sakramente for os i sin kirke, uden at mennesker har svækket dets kraft eller sat så meget som en plet på det med deres påfund". I modsætning til nadveren, hvor Luther havde kritiske indvendinger til både ritualet og teologien, kunne han derfor næsten uændret overtage det katolske dåbsritual, som var i brug i Wittenberg. Foruden Fadervor, som allerede var placeret før dåben, tilføjede han dog den såkaldte syndflodsbøn, hvor der indgår bøn om, at Gud må "saliggøre barnet med en ret tro", så det bliver "udskilt fra de vantros tal".

Denne tilføjelse til ritualet om barnets tro har direkte forbindelse til hovedpunktet i Luthers kritik af det katolske dåbssyn, hvor troen helt havde mistet sin betydning. Og dermed til selve kernen i reformationen, nemlig læren om frelse ved tro alene. I stedet for menneskers gerninger og præstationer satte Luther atter troen i centrum - vel at mærke den tro, Gud selv virker i os og som er rettet på Kristus.

I sin berømte prædiken "Om dåben og barnets tro" fra Kirkepostillen 1525, som ifølge Kirkeordinansen hører med blandt den danske kirkes grundbøger, giver Luther en af sine mest udførlige udredninger af sin forståelse af dåbsritualet og barnets tro. Luther beskriver tre dåbssyn, som han ikke er enig med. Først det gængse katolske, som lærer, at barnet sammen med dåbsnåden får indgydt en iboende trosevne, der hos barnet endnu er helt uvirksom og først senere udfolder sig. Det døbte barn tror ikke aktuelt, men har blot fået evnen og forudsætningen for en fremtidig tro og kærlighed. Indtil da vikarierer kirken for barnets manglende tro og kærlighedsgerninger. I det andet katolske dåbssyn er man gået et skridt videre og havnet i den helt grove ex opere operato-lære, som Luther beskriver sådan: "Sakramenterne har en sådan kraft, at du, selvom du ingen tro har og modtager sakramentet, at du (så sandt du ikke har forsæt om at synde) alligevel modtager nåden og syndsforladelsen uden nogen som helst tro". Det tredje syn var et, han havde mødt blandt de evangeliske valdensere i Bøhmen. De var enige med Luther om, at vi frelses ved tro alene, og de lærte om det døbte barn, at "barnet nu var genfødt, havde fået syndernes forladelse og iklædte det som et tegn en hvid klædning". Modsat Luther mente de imidlertid ikke, at barnet troede efter dåben. Hertil svarer Luther: "Alt dette måtte være falsk, hvis barnet ikke havde sin egen tro".

Luther afviser disse tre dåbssyn. Både den helt grove, magiske forståelse og den lidt finere, hvor barnet ganske vist får en trosevne - men ikke en tro, der reelt tror. Men altså også de evangeliske bøhmere, som døbte på en fremtidig tro. Alle tre dåbssyn havde et ritual, hvor man efter dåben udtalte, at barnet nu var genfødt, men alligevel var Luther dybt uenig med dem! De var i strid med Luthers "grundvold" nemlig, at "ingen bliver salig gennem andres tro eller retfærdighed, men gennem sin egen". Efter at have bevidst dette ud fra Bibelen fortsætter han: "Dette er klare, tydelige ord, som viser, at enhver selv må tro, og at ingen kan hjælpes gennem fremmed tro, hvis han ikke har sin egen. Fra disse udsagn må man ikke vige eller fornægte dem, hvad end det måtte indebære. Og man skulle før lade hele verden gå til grunde, inden man forandrede denne guddommelige sandhed. Og om noget tilsyneladende kunne anføres derimod, som du ikke kan forklare, skal du før bekende, at du ikke forstår det og overlade det til Gud, inden du gør indrømmelser i disse klare udsagn. Så må det forholde sig med hedninger, jøder, tyrker, småbørn og alt, som det kan, disse ord må og skal have ret og være sande."

Disse ord er så stærke, at vi næppe finder paralleller til dem uden lige i læren om frelse ved tro alene - og det er da netop også to sider af samme sag!

I prædikenen gør Luther så rede for sit eget syn som er, at Gud på faddernes og menighedens forbøn skænker barnet dets egen tro, hvorpå det bliver døbt. Det døbte barn er således et virkeligt troende og genfødt menneske.

Dr.theol. Poul Henning Jørgensen har derfor ret, når han i Dansk teologisk Tidsskrift, 1979, s. 264, gør opmærksom på, at biskop Henrik Christiansen mistolker det reformatoriske dåbssyn, når han i forbindelse med Ruben Jørgensen-sagen skrev: "Der er i Confessio Augustana ikke tale om tro forud for dåben hverken hos forældrene eller hos barnet, idet troen, som udtrykkeligt fremhævet i artikel 13, "kommer til" siden hen og fornemmelig er tro på, at Kristus i dåben har udført sin frelseshandling". De fatale ord er ordene "siden hen". Biskoppens tolkning kan måske undskyldes med, at han sikkert har benyttet Granes oversættelse af den forkortede tyske udgave af Augustana fra 1930. I den danske kirkes autoriserede grundtekst, som den findes i 1817-udgaven, fremgår det nemlig klart, at troen må komme til allerede "ved brugen" af sakramenterne (in usu - som også kunne oversættes "under brugen"), og altså ikke først bagefter. (Vi har her et konkret tilfælde, som viser, at det ikke er lige meget, hvilken tekst man bruger. Om det er den uforandrede eller den forkortede). I Melanchthons egen kommentar til bekendelsen præciserer han også, at der er tale om troen på de "nærværende" (præsenti) løfter, "når" (cum/wenn) vi døbes og går til nadver. Det samme giver Luther udtryk for i ovennævnte prædiken, hvor han siger: "Troen må være til stede før eller også ved dåben, ellers bliver barnet ikke befriet fra djævelen og synden".

Når der nu igen er røster fremme om, at ændre tilspørgslen ved dåben, så den henvender sig til forældrenes ansvar, i stedet for barnets forsagelse og tro, så er dette ikke noget nyt. I Kristeligt Dagblad 19/8 1993 viste jeg, at der især i 1800-tallet var stærke røster fremme, som benægtede at barnet kom til tro i dåben. Herhjemme var det især teologiprofessorerne Martensen og Clausen, der stod for dette syn. Jeg har så nu opdaget, at dette syn også gav sig udslag i forslag til ændringer af dåbsritualet. Bagest i H. N. Clausens tykke bog om "Catholicismen og Protestantismen", Kbh. 1825, har han et forslag til et nyt dåbsritual, der netop tager hensyn til hans opfattelse af barnets manglende tro. I stedet for tilspørgslen om barnets forsagelse og tro skal præsten fremsige trosbekendelsen og så spørge: "Vil du paa denne Tro være døbt?" Ordene efter dåben om at Gud nu har genfødt barnet og skænket det syndernes forladelse ændres til, at Gud "nu haver aabnet Dig Adgang til sin elskelige Søns Rige". Da Sjællands biskop J. P. Mynster i 1839 udgav sit "Udkast til en Alterbog og et Kirke-Ritual" henviser han direkte til Clausen og følger hans linje.

En af dem, der reagerede kraftigst på dette nye forslag, var ingen ringere end Grundtvig. I protest mod et ritual, der ifølge Grundtvig ville tvinge de gammeldags lutheranere til at forlade kirken, udgav han samme år "Frisprog mod h.h.hr. Biskop Mynsters forslag til en ny Forordnet Alterbog". Grundtvig kalder forslaget for både uapostolisk og uluthersk. Ændringen ville nemlig betyde, at børnene ikke længere "døbdes paa samme Vilkaar og med samme Forsikkring om Gjenfødelse og Syndsforladelse" (s. 25). Grundtvig hævder, at Clausens og Mynsters dåbssyn er det samme, som længe har hersket i England og Tyskland, og som betragter dåben som en "blot kirkeskik" og ikke som den "egentlige Gjenfødelse og Syndsforladelse" - og det er den ikke "hvor ingen Pagt oprettes" (s. 32). Også senere i sit forfatterskab fastholdt Grundtvig denne uløselige sammenhæng mellem tro og genfødelse i dåben. I "Den kristelige Børnelærdom" siger han således, at "Daaben kun er Gjenfødelsens og Fornyelsens Bad i uopløselig Forening med Daabs-Pagten" (Udvalgte Skrifter, Kbh. 1909, bind 9, s. 335 - se også s. 482).

Selvom Grundtvig måske overfortolker Mynsters ritual, så er det værd at bemærke, at en så betydelig skikkelse i dansk kirkeliv går i kamp mod det nye ritual ud fra en overbevisning om, at barnet virkelig tror i dåben - og at dette er baggrunden for, at vi efter dåben kan udtale, at barnet nu er genfødt. Grundtvigs dåbssyn har således en klar sammenhæng med hans syn på ritualet. Ligesom det har i negativ retning hos Clausen og Mynster. Ud fra en benægtelse af barnets tro ændrer man ritualet. Det kommer også tydeligt frem i Mynsters ritual for voksendåb, hvor han bibeholder tilspørgslen og genfødelsesudsagnet.

Man havner altså her i den stik modsatte opfattelse af den, Luther og de efterfølgende teologer på lærestolen i Wittenberg havde. Her mente man nemlig, at børnene altid kommer til tro i dåben og bliver genfødt, hvorimod men regnede med tilfælde af voksendåb med manglende tro og genfødelse.

Både Luther og Grundtvig var overbevist om, at børnene virkelig kommer til tro i dåben. Og det er på denne baggrund, de fastholder, at børnene bliver genfødt. Og vel at mærke en virkelig genfødelse, hvor barnet modtager Helligånden i sit indre og bliver et levende lem på Kristus. Rigtigheden i genfødelsesudsagnet efter dåben hviler således på en tilstedeværende tro ved dåben. - Noget andet er derimod dåbens gyldighed, som ikke beror på vor tro, men alene på Gud og hans indstiftelse. Og dermed et nej til al gendåb. Dåbens gyldighed afhænger ikke af den døbtes tro, hverken i selve dåbsøjeblikket eller senere hen. Ved dåben sker der altid en gyldig pagtsoprettelse med den døbte fra Guds side, og den står ved magt uafhængig af den døbtes tro.

Denne klare sammenhæng mellem dåbssynet og ritualet er der desværre mange i dag der ikke er opmærksom på. Man fastholder nok dåbsritualets ordlyd om, at barnet efter dåben nu er genfødt, men man glemmer eller fornægter Luthers og Grundtvigs begrundelse for dette udsagn, nemlig at barnet virkelig kommer til tro i dåben. Man mener at have et luthersk dåbssyn, da man jo fastholder Luthers dåbsritual. Man fastholder ritualets ordlyd, som ikke er specielt luthersk, men fornægter teologien, der ligge bag, og som giver den luthersk forståelsesramme for ritualet. Den rette vej frem må derimod være at fastholde både Luthers dåbsritual og hans dåbssyn - og så lade dette syn komme tydelig frem i forkyndelsen. Konkret må det betyde, at man ikke foregiver, at Gud nu i dåben har oprette en pagt med den døbte, som vedkommende har gavn af uafhængig af troens forhold til Gud.

Selvom man må anerkende, at den katolske kirke tager oplæringen alvorlig med det nye ritual for barnedåb, hvor man ikke tilspørger barnet, men forældrene, så skal man være klar over, at denne ændring passer ud mærket ind i et katolsk dåbssyn, men ikke ind i det syn, Grundtvig og Luther havde.

Går udøbte fortabt

I Augustana art. 2 hedder det, at vi alle fødes med arvesynd, som medfører evig død for dem, der ikke genfødes ved dåben og Helligånden. Videre siges det i art. 9, at dåben er nødvendig til frelse (necessarius ad salutem). Hvis man tager disse udsagn alvorligt, opstår der naturligt det spørgsmål, om udøbte så går fortabt. Heldigvis har reformatorerne selv svaret på dette spørgsmål.

I 1553 svarede Melanchthon skriftligt på spørgsmålet "Hvad man skal mene om dem, der dør, inden de bliver døbt". Han svarer da: "Om end det er nødvendigt, at troen griber evangeliet og sakramenterne bruges ret, så er der dog en vis forskel. Med hensyn til evangeliet, som fordrer tro af enhver, kan der ikke tillades nogen indskrænkning eller undtagelse, da 'den, der ikke tror, skal blive fordømt', og 'den retfærdige skal leve af tro'. Noget andet med brugen af sakramenterne, som kan mildnes og kompenseres ved tro og fromme bønner. For skønt foragt for og selvforskyldt tilsidesættelse af sakramenterne nedkalder Guds evige vrede, så forholder det sig dog anderledes med uforskyldt udeladelse af sakramenterne" (CR Mel. 8,194; nr.5519).

Både i Augustana og i svaret her fra 1553 bruges det samme latinske ord for "nødvendig", og som det fremgår, er denne nødvendighed ikke lige så strengt knyttet til selve dåbshandlingen som til evangeliet og troen. I nøds tilfælde kan der dispenseres fra dåben, men ikke fra evangeliet og troen.

Samme tankegang finder vi i en fælles udtalelse fra 1555, som blandt andet. er underskrevet af Melanchthon og Bugenhagen. Her afviser man desuden gendøbernes vildfarelse "at der ingen arvesynd er, og at alle børn i hele verden bliver salige, hvis de dør, inden de begår virkelig synd". Reformatorerne understreger, at udøbte børn af kristne forældre, som er båret frem for Gud i bøn, skal begraves samme sted som de andre kristne og med de samme ceremonier "og ikke ringere". (CR Mel. 8,531; nr.5836).

Disse tanker er ikke først fremkommet efter affattelsen af Augustana og findes ikke kun hos Melanchthon. Vi finder dem også før 1530 og hos Luther selv mange steder. Lad os her nøjes med at henvise til det reformatoriske hovedskrift "Om kirkens babyloniske fangenskab", fra 1520.

Her siger Luther: "mennesket kan have ordet eller testamentet uden tegnet eller sakramentet" (WA 6,518 - dansk oversættelse 1982, s. 52).

At dette også er officiel dansk kirkelære, fremgår af Kirkeordinansen 1539, hvor vi møder samme syn i afsnittene om undervisning af jordemødre og barselskvinder. Det siges her "at kvinderne ofte skal befale deres livsfrugt i Guds varetægt". I den anbefalede bøn indgår blandt andet. ordene "vi ofrer dig dette foster med denne vor bøn, at du vil tage imod det og lade det få evig gavn af dit hellige, dyrebare blod". Og Kirkeordinansen fastslår: "Et sådan barn, som på denne vis efter Kristi egne ord gives og skænkes ham allerede i moders liv, må ikke betragtes som fordømt". (Max W. Olsens udgave 1936, s. 94).

Konklusionen bliver altså, at det både er genuin luthersk og officiel dansk kirkelære, at dåben ikke er streng frelsesnødvendig på samme måde som evangeliet og troen. I nødsfald kan dåben erstattes af evangelieforkyndelse og bøn. Augustanas korte tekst må læses i dette lys.

Dette syn er både til trøst for de kristne forældre, der har måttet begrave et udøbt barn som en anspore til os alle om at bære børnene til Gud i bøn allerede under graviditeten. Noget mandat til at udsætte dåben på ubestemt tid har vi ikke.

Dåb, genfødelse og tro - hos Luther og hos os

Luthers dåbsritual

Reformationen var starten på Luthers opgør med Romerkirkens forvanskning af Kristi sande kirke.

Grundlæggende drejede det sig om den rette forståelse af evangeliet. Imidlertid medførte dette af sig selv kritiske indvendinger også på andre punkter. Og da skilsmissen mellem lutheranere og katolikker først var en kendsgerning medførte det en række ændringer også i gudstjenesten og liturgien.

Her viser der sig dog en væsentlig forskel, når det gælder de to sakramenter, dåb og nadver.

I nadverforståelsen havde Luther indvendinger både mod læren og ritualet, som blandt andet. indebar at lægfolket kun fik brødet. Luther indførte da i stedet nadver med uddeling af både brød og vin. Ligesom han rensede nadverritualet for alt, hvad paven havde fyldt i det af messeoffertanker.

I dåbssynet havde Luther også en række alvorlige kritikpunkter. Disse omfattede dog ikke på samme måde selve ritualet og dåbshandlingen. Ritualet var ganske vist blevet krydret med en række menneskelige påfund som at lægge salt på barnets tunge, salve det med olie, iføre det en dåbshue og overrække det et dåbslys. Disse ting ændrede dog ikke væsentligt ved selve dåbens væsen, som indebar at Gud derigennem skænkede børnene syndernes forladelse - også i Romerkirken. Luther var således overbevist om, at Gud i det mindste havde bevaret dette ene sakramente uskadt i den katolske kirke.

I det reformatoriske hovedskrifter "Om kirkens babyloniske fangenskab" fra 1520 indleder Luther sit afsnit om dåben med disse ord: "Lovet være Gud og vor Herres Jesu Kristi Fader, som i sin store barmhjertighed i det mindste har bevaret dette sakramente for os i sin kirke, uden at mennesker har svækket dets kraft eller sat så meget som en plet på det med deres påfund."

Når Luther i sin "Dåbsbog" fra 1523 udgav sit første forslag til et tysk dåbsritual, er der derfor ingen grund til at undre sig over, at han da stort set blot oversatte det gamle katolske ritual, som var i brug i Wittenberg. Dels ønskede han ikke at indføre et helt anderledes dåbsritual af hensyn til de svage i troen, så de ikke skulle komme i tvivl om gyldigheden af deres dåb - og dels fandt han altså at kernen i det gældende ritual var udmærket. Luther indføjer dog en ekstra bøn i ritualet, den såkaldte "Syndflodsbøn", hvor der blandt andet. indgår en bøn om, at Gud vil "saliggøre barnet med en ret tro" og at det må blive "udskilt fra de vantros tal".

I 1526 reviderede Luther dåbsritualet, idet han fjernede de oven-nævnte menneskelige påfund. Herved kom dåbens betydning klarere frem, og bønnen om at Gud vil skænke barnet troen fik en mere fremtræ-dende plads.[1] Og i 1529 udgav Luther sin Lille Katekismus, som allerede samme år udkom i en udvidet udgave, hvor Dåbsbogen fra 1526 var tilfø-jet.

Da reformationen blev indført i Danmark sørgede Bugenhagen som Luthers udsending for, at det var denne udgave af Katekismen, Peder Pal-ladius over satte til dansk i 1538. Og det er *denne udgave,* der nævnes i Kirkeordinansen, som er den danske og norske kirkes grundlov.[2]

Luthers dåbsritual har altså en central plads i Luthers skrifter, og som en del af den Lille Katekismus må det anses som forpligtende for både den danske og norske kirke.

Olav Valen-Sendstads kritik af dåbsritualet

Når Olav Valen-Sendstad i sin "Konkordie-boken" således forsøger at dis-kvalificere Luthers dåbsritual med en henvisning til dets katolske rødder, så går den altså ikke. Både de faktiske historiske kendsgerninger og Lu-thers egne udtalelser modsiger dette.

De ord, som Olav Valen-Sendstad ikke kan forlige sig med i dåbsritu-alet, er ordene efter dåbshandlingen: "Den almægtige Gud, vor Herres Jesu Kristi Fader, som nu har genfødt dig ved vand og Helligånden og

---

[1] Den reviderede Dåbsbog findes oversat i "Martin Luthers liv og hovedværker", bind 4, Kbh. 1910-14.

[2] Den danske Kirkeordinants af 1539, Kbh. 1936, s. 118.

skænket dig syndernes forladelse, han styrke dig med sin nåde til det evige liv".

Disse ord opfatter Olav Valen-Sendstad som en "dåbserklæring", der ud trykker en magisk virkning af dåben, som derfor er uforenelig med Luthers egentlige lære om dåben.

Nu er det ubestrideligt, at mange i vor kirke opfatter dåben på magisk måde, hvor børnene uafhængig af en egen tro automatisk bliver genfødt blot dåbshandlingen udføres. Det er også sikkert, at mange teologer i den katolske kirke lagde denne opfattelse i det ritual, som Luther oversatte til tysk. Alligevel valgte Luther, at oversætte dette ritual. Og det går ikke an på historisk grund og i ærlighed over for Luthers egne udtalelser, at diskvalificere Luthers dåbsritual.

Det betyder imidlertid ikke, at vi så helt må forkaste Olav Valen-Sendstads forståelse af Luther. Tværtimod, han er netop en af dem, der har øjnene oppe for selve grundkernen i Luthers dåbssyn, nemlig at dåb og tro hører uløseligt sammen, og at genfødelsen i dåben er betinget af en i dåbsøjeblikket tilstedeværende tro i barnet. For Olav Valen-Sendstad gør denne urokkelige grundtanke i Luthers dåbssyn det umuligt med et dåbsritual, der i ethvert tilfælde af barnedåb udtaler, at nu er barnet genfødt. *Det gjorde det imidlertid ikke for Luther selv.* Og det lader sig, som sagt, ikke gøre, på historisk grund, at afvise Luthers dåbsritual.

Den rette vej er derfor at lytte til, hvordan Luther selv så sammenhængen mellem sit dåbsritual og sin dåbslære.

I Kirkepostillen fra 1525 - som i lighed med den Lille Katekismus ved reformationens indførelse i Danmark fik status som en af de bøger, alle andre bøger skulle bedømmes efter og stemme overens med -finder vi netop en prædiken, hvor Luther tager disse spørgsmål op til grundig behandling.

Luther henviser flere gange til denne prædiken som det sted, hvor han på afgørende vis har behandlet spørgsmålet om barnets tro i forbindelse med dåben, således for eksempel i indledningen til bogen Om Gendåben fra 1528.[3]

---

[3] Denne prædiken og skriftet Om Gendåben er oversat i "Troens evangelium" i

Luthers dåbssyn

I denne prædiken over evangelieteksten til 3. søndag efter hellig tre kongers dag benytter Luther lejligheden til en grundig behandling af spørgsmålet "om den fremmede tro og dens kraft" i forbindelse med dåb af børn.

Ud fra Mark. 16,16, Rom. 1,17 og Joh. 3,16-18 fastslår Luther sin hoved tese: "Ingen bliver salig gennem andres tro eller retfærdighed, men gennem sin egen". Dåb og tro hører altså uløseligt sammen.

Hermed fastholder Luther sine stærke og markante udtalelser fra de reformatoriske hovedskrifter omkring 1520. I Begrundelse og Hjemmel ind leder han således sit skrift med at hævde, at: "det er kættersk, at den blotte oplåsen giver nåden ved sakramenterne uden tro". Nej: "hvor troen ikke findes, hjælper dåben ikke, for det er ikke dåben, men troen på dåben, der gør salig". Dette er for Luther ikke bare nogle strøtanker, men "hovedsætningen, som alle de andre udgår fra". *Og denne grundtanke fastholdt han livet igennem!*[4]

Katolske dåbssyn

I prædikenen her afviser Luther så dernæst de to almindeligste dåbsopfattelse på katolsk grund.

Den første er den, vi blandt andet møder hos den store katolske teolog Thomas Aquinas. Her fastholder man, at modtagelsen af den helliggørende dåbsnåde er betinget af tro. Barnet kan imidlertid ikke tro i katolsk betydning, da troen har sit sæde i viljen, som endnu ikke er udviklet hos barnet. Man lærer da, at barnet sammen med dåbsnåden får skænket en trosevne, som dog foreløbig er helt uvirksom og uudfoldet. Kirken vikarierer så indtil videre for barnet med en levende tro og kærlighed. *Det døbte barn tror altså ikke*, men har blot fået anlægget og mulighed for engang at kunne tro.[5]

Credo Forlags Luther-serie.

[4] Oversat her i bogen.

[5] Denne lære blev stadfæstet som officiel katolsk dåbslære ved kirkemødet i Vienne 1311. Barnet får da troen som et anlæg (habitus), men endnu ikke som en aktuel tro (actus).

Denne tankegang møder vi også hos Calvin i hans dogmatik "Institutio" fra 1559. Her siger Calvin, at børnene døbes til en "fremtidig tro og omvendelse". Denne fremtidige tro har "endnu ingen skikkelse" i børnene. Dog er der "plantet et frø" i den døbte. (Det er altså herfra man har tanken om en skjult dåbsspire -og ikke fra Luther!).[6]

I det andet katolske dåbssyn, som Luther afviser, er man gået et skridt videre og er havnet i den helt grove ex opere operato-lære, som Luther beskriver sådan: "Sakramenterne har en sådan kraft, at du, selvom du ingen tro har og modtager sakramentet, at du (så sandt du ikke har forsæt om at synde) alligevel modtager nåden og syndsforladelsen uden nogen som helst tro".

Valdenserne

Foruden disse to katolske dåbssyn afviser Luther også et tredje dåbssyn. Det var et syn, han havde mødt hos de valdensiske brødre, som var en *evangelisk menighed,* der var i kontakt med Luther. Menigheden var fælles med Luther om evangeliets forståelse og troens betydning. Man var enige om, at dåb og tro hører sammen. Et døbt menneske kan ikke blive frelst uden tro. Valdenserne mente blot ikke, at små børn selv kan tro, men døbte dem på en "fremtidig tro". Alligevel udtalte de efter dåben, at "barnet var genfødt, havde fået syndernes forladelse og iklædte det som tegn en hvid klædning".

Deri er Luther dybt uenig, og siger, at "alt dette måtte være falsk, hvis barnet ikke havde sin egen tro". Han anklager valdenserne for at drive gæk med dåben og misbruge Guds navn. Han afviser også valdensernes forsøg på at tolke dåbens betydning rent objektivt, så det der sker i dåben blot er en *ydre optagelse* i kristenheden. For Luther er dåbens virkning *real,* at "jeg bliver et levende lem på kristenheden og ikke alene hører evangeliet, men også tror det." Luther kan altså være dybt uenig med en evangelisk menighed, der lærer, at dåben genføder, og som lærer, at dåb og tro hører sammen. For Luther hører dåb og tro ikke kun sammen til frelse, men også i selve dåbsøjeblikket. *Uden en i dåben tilstedeværende tro sker der*

---

[6] Corpus Reformatorum, bind 30, s. 990.

ingen genfødelse.

Hvis man ikke mener, at børn kan tro og alligevel døber dem og behandler dem som genfødte Guds børn, er det ifølge Luther at drive gæk med dåben.

Barnetroen

Luthers egen opfattelse af forholdet mellem tro og genfødelse, og af faddernes og menighedens betydning ved dåben er derimod: "ikke at børnene bliver døbt i faddernes eller kirkens tro. Men faddernes og kristenhedens tro udbeder og *udvirker, at de får deres egen tro,* i hvilken de bliver døbt og selv tror."

Luther fortsætter så i prædikenen med en sammenligning af børns og voksnes tro, og viser at netop de voksnes fornuft jo er en af de største hindringer for at Helligånden kan skabe tro. Denne hindring findes ikke i børn. "Nej, netop fordi de er uden fornuft og ubegavede, er de *bedre skikkede* til tro, end de voksne og fornuftige, hvem fornuften altid står i vejen, så de ikke kan få deres store hoveder gennem den smalle port."

Lad ikke den sjove formulering narre! Vi har her tolkningsnøglen til forståelsen af sammenhængen mellem Luthers dåbslære og dåbsritual. Børnene er bedre skikkede til tro end de voksne. Hos dem står der ikke noget i vejen for Helligåndens trosskabende virken. - Og derfor kan Luther *fastholde dåbsritualet* med ordene om, at Gud nu har genfødt barnet!

Vi ser således her et luthersk dåbssyn, hvor dåb og tro hører uløseligt sammen, ikke kun til frelse, men også når det gælder den personlige genfødelse og meddelelsen af Helligånden. Luther distancerer sig fra såvel den helt grove sakramentforståelse, hvor dåben virker ved sin blotte udførelse, uafhængig af den døbtes tro, som den mere fine udgave, hvor barnet får indgydt en ny natur med evner til at tro og elske (men hvor troen ikke er den tro, der aktuelt tror det nærværende løfte om syndernes forladelse). - Men altså også de evangeliske valdensere, der lærte at dåben genføder, og at dåb og tro hører sammen, men som nægter tilstedeværelsen af tro i selve dåbsøjeblikket.

Alle tre dåbssyn lærte, at dåben genføder, men de *manglede alle det lutherske særkende,* at dåben genføder, så sandt det nærværende løfte om syndernes forladelse gribes i selve dåbsøjeblikket.

Luther var selv personligt overbevist om at genfødelsen fandt sted hver gang ved barnedåb. Hans begrundelse for denne overbevisning hviler på Guds universelle frelsesvilje, menighedens forbøn for barnet og barnets ringe modstand mod Helligåndens virken.

Genfødelsesudsagnet efter dåben

Hos Luther er det dog ikke et *dogmatisk* punkt at genfødelsen i ethvert tilfælde af dåb altid finder sted. Dogmatisk kan Luther operere med det tilfælde at et barn ikke tror og ikke bliver genfødt. Da er dåben i sig selv gyldig og skal ikke gøres om, men barnet får først personlig gavn af dåben, når det engang kommer til tro. I de Schmalkaldiske Artikler fra 1537, som Luther, på fyrstens opfordring, udarbejdede som et nyt bekendelsesskrift til det planlagte konsilium, omtaler han døbte, der først senere i livet kommer til tro. Disse får *først da* Helligånden, og er først da ret døbt.[7]

Udsagnet efter dåb om at barnet nu er genfødt blev af Luther ikke opfattet som et guddommeligt udsagn, men som menighedens frimodige overbevisning om, at Gud nu havde hørt deres bøn og skænket barnet troen og dermed også genfødelsen. I sin bog "Om den trælbundne Vilje" gør Luther da også opmærksom på, at hans udsagn om menneskers nådestand er en "kærlighedsoverbevisning", der kan tage fejl, da vi ikke kan se ind i andres hjerter og konstatere om de tror.[8]

Når det gælder dåb af voksne, nævner Luther flere gange eksemplet med hykleren, der kun lader sig døbe for et syns skyld. Han bliver ikke genfødt eller får gavn af dåben, skønt dåben i sig selv er ret.

Tager vi dåb af både børn og voksen under et, så er det ifølge Luther altså *ikke alle, der bliver genfødt i dåben.*

I en prædiken fra 1535, som Luther bearbejdede til et lille skrift om

---

[7] WA 26,145.
[8] Se Luthers skrifter i Udvalg, bind 5, s. 102.

dåben, giver han udtryk for disse tanker. Efter at have understreget dåbens gyldig hed, der alene grunder sig på Guds indstiftelse, går han ind på at tale om, hvordan dåben bliver modtaget. *Her deler de døbte sig i to slags:* "Nogle modtager dåben med tro, andre uden". Dem, uden tro, kan ikke nyde dåbens "kraft og nytte". Grunden er ifølge Luther: "Deres hjerte er tillukkede, så dåbens kraft ikke kan komme ind og virke i dem". Om dem, der modtager dåben med tro hedder det: "Her står hjerterne åbne, så dåben går ind i sin fulde kraft, oplyser og varmer og gør af det gamle, døde menneske en ny, levende hellig."[9]

Luther fastholdt altså i 1534/35 sin reale, dynamiske forståelse af genfødelsen, som er betinget af at dåben modtages i tro. Hvor dette ikke er tilfældet, sker der ingen genfødelse. *Så en generel lære om, at dåben altid genføder, finder vi ikke hos Luther.* Kun når det gælder dåb af børn. Og kun på baggrund af de af Luther i Kirkepostillen nævnte grunde.

Også de teologer, der fulgte efter på Luthers lærestol i Wittenberg havde det samme syn på forholdet mellem tro og genfødelse. Jeg har således undersøgt og fundet dette syn fra reformationen og frem til ortodoksiens afslutning, altså en periode på omkring 200 år. I spørgsmålet om genfødelsen i dåben tegner der sig således en fælles tradition, der gør genfødelsen betinget af en i dåbsøjeblikket tilstedeværende tro.

Selvfølgelig regner man ikke med en bevidst reflekterende tro hos barnet, men grundstrukturen, som findes i den voksnes tro - nemlig tilliden til Kristus - den er den samme.

Omvendelse og genfødelse hos Luther

Hos Luther og hos reformationstidens førende teologer og i den klassiske ortodoksi var genfødelsen, som sagt, en dynamisk, real, ny virkelighed præget af den iboende Helligånd. Genfødelsen og Åndens iboen var uløseligt knyttet sammen med en personlig tilstedeværende tro. Det var derfor også en naturlig dogmatisk følge at man, med front mod blandt andet

---

[9] Dette dåbsskrift er oversat her i bogen.

gendøberne og den reformerte kirke, understregede at Ånden mistes ved
bevidst synd og vantro, og atter kan genvindes i omvendelsen.

Uden tro, ingen genfødelse. *Denne sammenfatning af det lutherske
dåbs syn,* som vi finder hos Johann Gerhard, der anses for ortodoksiens
betydeligste dogmatiker, blev taget for fuldt pålydende. Dette gælder ikke
alene ved selve dåben, men også senere hen i livet. Hvis det i dåben ved
troen genfødte barn senere mistede sin tro, mistede det også dermed sin
genfødelse og Hellig ånden.

Genfødelsen kan mistes

I sin kommentar til 1. Joh. Brev fra 1527 siger Luther udtrykkeligt: "Gen-
fødelsen fra Gud kan mistes".[10]

I Kirkepostillen, Festdelen 1527, hedder det om dem, der mister troen:
"De falder atter tilbage i arvesynden og bliver som de var før dåben."[11]

En døbt, der lever i vantro er således ifølge Luther et menneske, der er
tilbage i arvesynden og er som en udøbt. Vedkommende har mistet sin
genfødelse, og har ikke længere Helligånden.

Ny genfødelse i omvendelsen

Det er kun ganske få steder Luther dogmatisk behandler dåbsfrafaldnes
omvendelse, men vi finder det blandt andet dér, hvor man kunne forvente
det, nemlig i skriftet "Om Nøglemagten" fra 1530, dvs. om menighedens
fuldmagt til at tilsige den angrende frafaldne syndernes forladelse. Heri
udtaler Luther klart og tydeligt, at den dåbsfrafaldne *atter bliver genfødt
ved omvendelse og tro.* Om den, der i absolutionen i tro griber Guds løfte-
tilsagn hedder det: "Tror du på dette tilsagn, så bringer det dig atter tilbage
til dåbens uskyld. Du bliver *atter genfødt* og en ret, ny hellig".[12]

---

[10] Potest nativitatem ex deo amittere, WA 20,706.

[11] Die fallen gar wyderumb yn die erbsünde und werden, wie sie vor der Tauff
sind gewesen, WA 17 II,286.

[12] Von newen widder geborn, WA 30 II,505. Oversat i "Luthers reformatoriske
skrifter i Udvalg", s. 802.

Læg vel mærke til dette citat. Her er det ikke Luthers personlige omvendelsesoplevelse, der skildres, hans tårnoplevelse, hvor han da *følte* sig som helt genfødt, men derimod en *principiel dogmatisk udtalelse* i et skrift, som netop behandler dåbsfrafaldnes omvendelse. Her udtaler Luther som en *almengyldig* dogmatisk sandhed, der gælder for enhver dåbsfrafalden, der atter omvender sig og griber Guds nådestilsagn i absolutionen, at man "bliver atter genfødt". Og Luther kan tale om en ny genfødelse i omvendelsen uden at svække dåbens betydning, for i citatet er denne nye genfødelse netop ensbetydende med at man atter bringes tilbage til "dåbens uskyld".

På baggrund af sådanne klare dogmatiske udtalelser hos Luther kan man nok undre sig over at lutherske teologer også i dag kan problematisere det berettigede i at tale om en dobbelt genfødelse. Det hjælper dem heller ikke at spille katekismerne ud mod dette. Skriftet om nøglemagten er nemlig skrevet i samme periode som katekismerne, disse i 1529, dette i 1530. Og der er intet i katekismerne, der modsiger dette principielle dogmatiske ud sagn, der blot er en naturlig dogmatisk konsekvens af Luthers syn på genfødelsen, som vi så i prædikenen fra Kirkepostillen.

Og netop i Kirkepostillen finder vi lignende udtalelser, hvor Luther hævder en dobbelt genfødelse, såvel i dåben som i omvendelsen.

Guds ord har magt til at genføde os både som det møder os i dåben og i absolutionen: "Blot dette ord lyder: Jeg døber dig i Faderens og Sønnens og den Helligånds navn; jeg tilsiger dig syndernes forladelse i kraft af den Herre Kristi befaling. Her er jo ikke andet end Ordets ånde eller pust, som træffer dit øre, og dog skal derved kunne udrettes så store ting, at du bliver ren fra synden, forløst fra den evige død, et nyt genfødt Guds Barn".[13]

Om det i genfødelsen frembragte nye menneske hedder det, at det "begynder i dåben eller også i boden og omvendelsen".[14]

Som en naturlig dogmatisk konsekvens af sit dåbssyn med den dynamiske, reale, personlige forståelse af genfødelsen, hvor genfødelsen forudsætter en personlig tro, kan Luther altså *en række steder tale om en ny*

---

[13] Ein new geboren Gottes Kind, WA 21,541.

[14] Anfehet in der Tauffe oder sonst in der Busse und Bekerung, WA 22,98.

72

genfødelse ved absolutionen eller i omvendelsen. Det gør han både i Kirke-postillen, som jo var tænkt som prædikenvejledning for de nye lutherske præster, og i hans dogmatiske behandling af spørgsmålet om frafaldnes omvendelse. Ingen steder problematiserer Luther dette, og ingen steder betegner han dåbsfrafaldne som genfødte kristne.

Den mest almindelige sprogbrug hos Luther om disse ting er forskellige vendinger, hvor ordet tro indgår. Og her skelnes der oftest ikke mellem tilhørernes åndelige situation, da det for både den frafaldne og den troende gælder om atter på ny og igen at få rettet troens blik på den frelse, som Kristus har tilvejebragt for alle.

Reformatorernes fælles udtalelse om frafald

Det allerstærkeste udsagn vi har, om at genfødelsen forstået som den personlig besiddelse af Helligånden kan mistes og atter genvindes, har vi i en fælles betænkning fra reformationens tre betydeligste ledere, Luther, Melanchthon og Bugenhagen.

Denne fælles betænkning fra 1544, to år før Luthers død, beskæftiger sig udelukkende med det spørgsmål, om en sand troende atter kan falde fra og miste Helligånden. Reformatorerne fastslår her klart og tydeligt som en sandhed de "altid i alle menigheder enstemmigt har lært således: Hvis en hellig bevidst og med vilje handler mod Guds bud, er han ikke længere hellig, men har kastet den rette tro og Helligånden ud". Samtidig fastslår de ligeså klart, at den frafaldne atter kan omvende sig og modtage Helligånden på ny. Den frafaldne har således mistet Helligånden, "indtil han atter bliver omvendt".[15]

---

[15] Udtalelsen er oversat i "Troen og livet", Kbh. 1992.

Dåbssynet i vækkelsesbevægelserne

Chr. Møller og LM

Også Chr. Møller, LM's første formand, benyttede sig af reformationstidens dynamiske forståelse af genfødelsen betinget af tro: "Nådens virkninger i menneskehjertet, den Helligånds iboelse, kan aldeles ikke finde sted uden ved tro". Om hyklerens dåb må han derfor konstatere: "da er vel dåben lige stor, herlig og gyldig i sig selv; men ikke bliver han vel gjenfødt derved".

Tidligt i sit virke udtaler Møller, at alle børn bliver genfødt i dåben: "Vi tror, at hos et lidet barn, hvor den Helligånd så at sige får lov at råde sig selv, dér virker Han gjenfødelse ved sit middel".[16] I sit dåbsskrift fra 1884 gentager han ikke denne overbevisning - men han tilbagekalder den heller ikke, eller problematiserer den.

I LM's senere historie har der været en vis skepsis ved at udtale at genfødelse finder sted i alle tilfælde af barnedåb, ligesom der har været en *berettiget* protest mod megen folkekirkelig dåbsmagi, som anser genfødelsesudsagnet efter dåben for en guddommelig erklæring uafhængig af tro.

Vilhelm Beck og IM

Vilhelm Beck var stærkt påvirket af sin lærer ved universitetet i København, Hans Martensen, og overtog meget af hans dåbssyn. Grundstrukturen i dette syn er i store træk det samme som det, vi så hos Thomas Aquinas og Calvin, der ikke regner med at det døbte barn aktuelt tror, men blot hat fået anlæg, evner og spirer til en fremtidig tro. Beck fastholdt dog det lutherske syn både på viljens bundethed og på troen som noget kun Gud kan skænke gennem evangeliet - og som ikke blot kan appelleres frem!

Beck reviderede eller præciserede også sit dåbssyn på enkelte punkter.

---

[16] Budskab fra Naadens Rige, 1866, s. 126.

Således understregede han, at en vantro døbt ikke længere har Helligånden i sit hjerte. Ved vantro har Helligånden "forladt et hjerte med sin iboelse".[17]

Dåbssynet i vækkelsesbevægelserne i dag

Indre Missions tidligere formand John Ørum Jørgensen skriver i sin bog "Indre Mission og Dåben", s. 134-35, at IM kun har ét dåbssyn - men to forkyndelsesklange. Begge forkyndelsesklange lærer, at dåben genføder. Begge lærer, at den, der ved synd og vantro er faldet ud af dåben og har mistet Helligånden i hjertet, må vende tilbage til dåbens syndstilgivende nåde og atter modtage Helligånden gennem omvendelse og tro. Den ene forkyndelsesklang kalder så dette under for en ny genfødelse, mens andre foretrækker at bruge betegnelsen (døde)opvækkelse. *Og begge klange har altså deres hjemstedsret i IM, og har altid haft det.*

Når det gælder selve sagen, nemlig at en dåbsfrafalden ikke længere har Helligånden i sit hjerte, da er enigheden meget omfattende. Man slutter da op omkring Becks egen præcisering af sit dåbssyn, at: "ved forsætlig synd og vantro har Helligånden forladt et hjerte med sin iboelse".

Med dette syn befinder IM sig således på den linje, Hallesby officielt fremlagde for IM og MF i Norge i 1947.

På baggrund af en langvarig debat om dåbssyn i Norge udtalte Hallesby da om den, der er faldet ud af sin dåbspagt: "Skal han på ny bli frelst, må Gud gjennom sitt ord vekke og omvende ham og *på ny skape* troen og dermed det nye liv i hans hjerte. Om vi kaller dette under en ny gjenfødelse eller en dødeopvekkelse, er saglig sett uten betydning, idet underet er like guddommelig."[18]

Selv kan Hallesby fra omkring 1935 og frem tale uproblematisk om

---

[17] IMT 1889, s. 152.

[18] "Den norske Dåpsdebatten 1946", Oslo 1976.

omvendelsen som en ny genfødelse.[19] Også en så kirkelig og sakramental bevidst, svensk teolog som Bo Giertz anvender gerne betegnelsen en ny genfødelse om det, der sker i omvendelsen.

En af de nyeste danske fremstillinger er Regin Prenters "Kirkens lutherske bekendelse" fra 1978, hvor der på siderne 94-106 udførligt og klart vises, at Luther fastholdt sin lære om spædbarnetroen hele livet, og at dette er en "uundværlig del af hans forsvar for barnedåben". Ligesom Luther fremfører Prenter det syn, at dåben "ikke kan virke menneskets genfødelse uden i og ved den tro, som alene Helligånden kan give det i hjertet". Prenter hævder også, at hvor man ikke følger reformatorernes syn, bliver det svært at fastholde barnedåben som *virkelig genfødelse:* "Enten opgiver man tanken om genfødelsen, og dåben bliver bare en symbolsk 'forkyndelse' af Guds nåde, eller også fastholder man, 'at der virkelig sker noget i dåben', men, når dette 'noget' sker, uden at barnets tro er med i det, glider man uundgåeligt i retning af en 'magisk' dåbsopfattelse, hvorefter dåben virker automatisk, uden at menneskets tro er med i det, altså 'ex opere operato', som det hed hos skolastikerne."

Samme understregning af troens uundværlighed finder vi i Niels Ove Vigilius` bog "Vejen mellem afvejene" fra 1981, hvor det hedder: "Ny Testamente kender intet til nogen frelsende og genfødende sakraments- eller nådemiddelvirkning i det hele taget *uden troens modtagelse* og tilegnelse af den i sakramentet tilsagte og skænkede nåde og gave." Vigilius er samtidig positivt stemt over for genfødelsesudsagnet efter dåben, når det forstås i overensstemmelse med Luthers egen opfattelse, sådan som den er beskrevet her i artiklen.

---

[19] Fx i "Kristendommens kraft", Kbh. 1932, s. 95, hvor Hallesby siger, at betegnelsen en ny fødsel er et "endnu mere anskueligt udtryk" end en dødeopvækkelse.

Afslutning

For Luther var det kættersk tale, at nåden bliver skænket gennem sakramenterne uden en tilstedeværende tro. Dette syn fastholdt han livet igennem.

Når det gælder dåb af børn, havde han den tillidsfulde overbevisning, at genfødelsen altid finder sted. Den overbevisning bygger på Bibelens klare lære om Guds universelle frelsesvilje, Guds bønhørelse af faddernes og menighedens forbøn for barnet og barnets modstandsløshed mod Helligåndens virken.

Dette blev i ortodoksien fastslået som officiel luthersk kirkelære i modsætning til den reformerte kirke, der begrænsede genfødelsen til kun at ske med dem, der var udvalgt til frelse fra evighed af.

Ifølge luthersk kirkelære kan voksne mennesker hårdnakket modstå Guds frelsestilbud - og det er svaret på, hvorfor ikke alle bliver frelst! For dåbssynet indebærer dette, at både Luther og hans efterfølgere i Wittenberg alle regnede med konkrete tilfælde, hvor voksne ikke bliver genfødt i dåben. Et dåbssyn, der lærer, at dåben altid genføder såvel børn som voksne, er altså ikke dækkende for en luthersk forståelse.

Hvis en døbt og troende mister sin tro, mister vedkommende dermed også Helligånden i sit hjerte. Man må da atter modtage Helligånden på ny gennem omvendelse og tro.

I vækkelsesbevægelserne er der i dag stor enighed om denne sandhed, selvom man ønsker at anvende forskellige udtryk. Dette er i orden, når blot man ikke diskvalificerer den andens sprogbrug. Både IM i Norge og i Danmark har fastslået, at der er to fuldt gyldige forkyndelsesklange.

Luther selv kalder omvendelsen for en ny genfødelse i sit hovedskrift om dåbsfrafaldnes omvendelse.

Også en så betydelig skikkelse i dansk kirkeliv som Grundtvig fremhævede den uløselige forbindelse mellem genfødelse og tro i dåben. I "Den kristelige Børnelærdom" siger han således: "Vi maa holde fast paa, baade at Synd-Forladelsen skjænkes i Daaben, og at den skjænkes fuldstændig, men ingenlunde *ubetinget,* da den tillige med hele Daabs-Naaden klarlig betinges af den *Tro* paa Faderen og Sønnen og den Helligånd, som vi alle ved Daaben bekjender os til og høster Retfærdiggjørelsen af." I samme

skrift siger han: "Dåben er *kun* Gjenfødelsens og Fornyelsens Bad i uop-
løselig Forening med Daabs-Pagten", og det vil hos Grundtvig sige i for-
sagelse og tro.[20]

Både Luthers *dåbsritual og dåbslære* befinder sig i de bøger, den danske
kirke ved reformationens indførelse gav status som kirkens grundbøger,
hvormed alle andre bøger og al anden lære skal stemme overens.

Vejen frem går altså ikke via en kritik af Luthers dåbsritual, som Olav
Valen-Sendstad med urette forsøgte. Det ender på et blindspor, blokeret
af Luthers egne udtalelser og af de faktiske dogmehistoriske kendsgernin-
ger. Derimod må vi holde os selv og kirken fast på Luthers dåbslære, der
giver den *rette begrundelse* for en *luthersk opfattelse* af dåbsritualet - sam-
let i det klassiske udtryk "uden tro, ingen genfødelse", med alt, hvad dette
indebærer!

Konkret bør dette også fremgå af vor sprogbrug, hvor vi må forsøge at
undgå utydelige, tvetydige og direkte forkerte udtryk.

I stedet for utydelige sætninger som: "i dåben bliver vi genfødt", bør vi
bruge sætninger, der har det lutherske særkende med, altså fx: "i dåben
bliver vi genfødt ved tro".

En direkte forkert udtalelse som denne: "i dåben blev du Guds barn,
men nu gælder det så om, at du modtager dette i tro". Hermed giver man
jo udtryk for, at man skulle kunne blive et Guds barn uden tro. Nej: "i
dåben blev du Guds barn ved tro, men nu gælder det så om, at du stadig
lever i denne tro, ellers må du omvende dig!".

Også tvetydige ord som at "alle døbte er genfødte kristne" bør undgås,
da den, der har mistet troen, jo ikke længere er en *nuværende* genfødt,
men derimod en åndelig død, der enten må opvækkes eller fødes på ny.
Ja, hvis udsagnet skal dække også alle, der er døbt som voksne, er det di-
rekte i modstrid med traditionel luthersk kirkelære.

---

[20] "N.F.S. Grundtvigs udvalgte Skrifter", Kbh. 1909, bind 9, s. 482 og 335.

78

Teser om dåb og tro

1   Ethvert menneske fødes med arvesynd. Dette betyder, at vort inderste væsen er besmittet med synd og begær, der i alt først og fremmest søger sit eget. Dette indebærer skyld over for Gud. Vi fødes derfor på syndens baggrund - men med evangeliets fortegn. (Sl 51,7; Joh 3,6; Ef 2,3 og Rom 5,18).

2   På grund af Kristi liv, død og opstandelse forkynder evangeliet syndsforladelse og et nyt liv, virket af Helligånden. Gennem ord og sakramenter rækkes vi Kristi fuldbragte frelse. Og ved budskabet herom vækker Helligånden troen i os, som griber denne frelse. (Rom 1,16; 10,17; 1 Pet 1,23).

Dette gælder også dåben, der er evangelium forbundet med et ydre tegn (Ef 5,26). Dåben adskiller sig dog fra de andre nådemidler ved at have karakter af en pagtsslutning. Der er således både noget objektivt og noget subjektivt forbundet med dåben.

3   Dåbens objektive side er pagtsslutningen, hvor den døbte får overdraget syndernes forladelse som en eviggyldig gave. Det er en engangshandling, der ikke skal gentages og som står ved magt uafhængig af modtageren. Dåbens stedsevarende karakter og pagtens gyldighed hviler alene på Kristi indstiftelse. Dåben er trådt i omskærelsens sted som pagtstegn (Kol 2,11-12; 1 Pet 3,21). Den er døren ind i kirken (1 Kor 12,13).

4   Dåbens subjektive side er det, der sker i den døbte: At Helligånden tager bolig i os og skaber en ny natur med et nyt lys og en ny vilje. Ifølge reformatorerne er dette det egentlige indhold af ordet "genfødelse" (Jvf. Luthers "Om dåben og barnets tro" i "Troens evangelium", Kbh. 1994). Genfødelsen kan dog også omfatte både syndsforladelsen og nyskabelsen. Denne nyskabelse i os er imidlertid blot en begyndelse, som livet igennem må kæmpe mod den resterende synd i vor natur. Både dåbens frelsende gavn og dens

indre virkninger i den døbte er i absolut forstand knyttet til troen (Mark 16,16).

5   Reformatorerne skelner mellem dåb af voksne og dåb af børn. Det er dog den samme dåb, med det samme indhold. Og forudsætningen er den samme, nemlig troen. Ifølge dåbsritualet, der går tilbage til Luther, spørges der med klar adressat til den, der skal døbes, om vedkommende tror. - Og det er på denne personlige tro, der døbes.

6   Ved dåb af børn regner reformatorerne med, at Gud på menighedens forbøn skænker barnet troen ved det evangelium, der lyder til det ved dåben. Efter dåben anses barnet derfor for et virkeligt troende, genfødt og Åndsbesiddende menneske. Men bevidsthedsniveauet hos barnet er selvfølgelig ikke det samme som hos en voksen. (Matthæus 18,6; Luk 1,15 og "Om dåben og barnets tro", se tese 4).

7   Ved dåb af voksne regner reformatorerne med tilfælde, hvor troen og genfødelsen er til stede inden dåben. Det klassiske eksempel er her Abraham, der var sandt troende og havde Helligånden, inden han fik pagts tegnet (Rom 4,9-11; Gal 3,2-6). I sådanne tilfælde er omskærelsen/dåben blot et segl på den retfærdighed af tro, der allerede forefindes.
Ligeledes regner man med enkelte tilfælde, hvor en voksen døbes med vantro og hykleri. Her sker der ingen genfødelse, men alene selve pagtsslutningen fra Guds side.

8   Rigtigheden i genfødelsesudsagnet efter dåben hviler altså på troens tilstedeværelse ved dåben. Lovprisningen udtrykker menighedens håb og tro på, at Gud nu har hørt deres bøn og skænket den døbte troen og Helligånden. Det er ikke et ufejlbarligt udsagn om, at dette altid sker uden undtagelse, når det drejer sig om større børn og voksne (WA 18,652 og Grundtvig: "Hele Daabsnaaden betinges klarlig af den Tro paa Faderen og Sønnen og

Helligaanden, som vi alle ved Dåben bekjender os til og høster Retfærdiggjørelsen af", Udvalgte Skrifter, Kbh. 1909, bind 9, s. 482).

9   Et døbt menneske har syndsforladelse, Åndens iboen og er genfødt, så længe det lever i troen på Kristus. Mister det troen ved synd og vantro, mister det også disse ting. Herom er der udbredt enighed. (Jvf. Vilhelm Becks præcisering i IMT 1889, s. 152: "Ved forsætlig synd og vantro har Ånden forladt et hjerte med sin iboelse").

10   Den dåbsfrafaldne må atter modtage syndsforladelse og Helligånden i sit indre gennem omvendelse og ny tro. Det er at vende tilbage til sin dåbspagt, som står ved magt fra Guds side. Dette kan reformatorerne kalde for en ny genfødelse i officielle skrifter ("von newen widder geborn", WA 30 II,505). Andre foretrækker at tale om (døde)opvækkelse, for at under strege sammenhængen med dåben. Her skal vi ikke binde hinandens sprogbrug, men i stedet fokusere på og fremhæve den enighed, der er om selve sagen og indholdet i denne genfødelse/opvækkelse. (Jvf. Hallesbys erklæring i 1947, gengivet i Ixthyc 1992/3, s. 104).

11   Vi må alle arbejde for og stræbe efter, at pagtslutningens gyldighed og troens nødvendighed kommer tydeligt frem både i liturgi, dåbssamtaler, prædikener, tryksager, valg af faddere og i dåbsoplæringen. Kirken døber med glæde alle børn, der frembæres af faddere, der er villig til at oplære barnet i den kristne tro.

Den Store Lutherserie

Kristi nadverord står fast
Salme 51
Opstandelsen – 1 Kor 15
De Lutherske Bekendelsesskrifter
Vejledning for menighederne
Huspostillen
Bjergprædikenen
Teologiens Grundbegreber
Første Mosebog bind 1
Første Mosebog bind 2
Første Mosebog bind 3
Første Mosebog bind 4
Om den hellige dåb
Fortalerne til Bibelen
At bede enkelt
Nådens Nøgler
Sang og Musik
Udvalgte Breve
Festpostillen
Gud vil alles frelse
Peters Første Brev
Kirkepostillen – Vinterdelen
Kirkepostillen – Sommerdelen
Troen Alene
Johannes 17 – Om Kristi Bøn
Privatmesser og præstevielse
Den sande kirke og den falske kirke
Luther-Leksikon
Den Store Katekismus
Den Lille Katekismus
De overåndelige sværmere
Johannes 1
Om forkyndertjenesten

Se også: Sandhed til Gudfrygtighed

(Se: lutherdansk.dk)